Li Po,
en Chine, au VIIIᵉ siècle

« *Spiritualités vivantes* »
SÉRIE TAOÏSME

Du même auteur :

Essais
Le Soleil, le Cœur et l'Or (Sophon).
Guide d'interprétation astrologique (Albin Michel).
Métaphysique de l'astrologie (Henri Veyrier).

Traduction
I Ching/Tao Te Ching (Le Courrier du Livre).

Récits
Voyage vertical (Samuel Tastet).
Les Étoiles en plein jour (L'originel).
Randonnée chinoise (à paraître).

Poèmes
« Être sans être », « L'espace du silence », « Embrassant l'Entre-Deux », « L'échappée belle »...

DANIEL GIRAUD

Ivre de Tao

Li Po, voyageur, poète
et philosophe,
en Chine, au VIIIe siècle

Albin Michel

*Collection « Spiritualités vivantes »
fondée par Jean Herbert
Nouvelles séries dirigées par
Marc de Smedt*

© Éditions Albin Michel S.A., 1989
22, rue Huyghens, 75014 Paris

Tous droits réservés. La loi du 11 mars 1957 interdit les copies ou reproductions destinées à une utilisation collective. Toute représentation ou reproduction intégrale ou partielle faite par quelque procédé que ce soit — photographie, photocopie, microfilm, bande magnétique, disque ou autre — sans le consentement de l'auteur et de l'éditeur, est illicite et constitue une contrefaçon sanctionnée par les articles 425 et suivants du Code pénal.

ISBN : 2-226-03533-8
ISSN : 0755-1835

NOTE DE L'AUTEUR

J'ai préféré choisir la romanisation de Wade qui est encore la plus répandue malgré l'officiel et horripilant « pinyin » si éloigné de nos prononciations. En revanche, dans la seconde partie j'ai bien entendu conservé les diverses romanisations adoptées par les traducteurs.

PREMIÈRE PARTIE

INTRODUCTION

Li Po, buveur et voyageur

Celui que l'on considère comme le plus grand poète chinois est un voyageur non conformiste comme Rimbaud, ce « voleur de feu »... Écumeur des cieux, il parcourt le vide qui contient les Dix-mille choses « avec le ciel pour couverture et la terre pour oreiller [1] ».

Malgré la fatigue des voyages — « plus dure est la route de Chou que la montée jusqu'au ciel azuré [2] ! » — — Li Po s'exclame aussi : « Éblouissante est l'œuvre de la nature [3]. » Lors de ses vagabondages loin du « monde des hommes », il est bien de nature à se promener « en sautillant comme un oiseau et en se tapant sur les fesses » pour reprendre l'expression de Chuang Tzu [4].

Car notre Li Po est un poète jouisseur. Son ami Wei Hao écrivait : « Sur son superbe étalon, accompagné de jolies courtisanes, il part se promener et boire [5]. » Effectivement, voyez donc cette fille de Wu, quinze ans, qui « chante d'une voix câline » et qui se grise dans les bras du poète [6]...

Li Po aime admirer les « filles de Yüeh », beautés étoilées aux pieds nus [7]... Il éprouve de même plaisir et peine. Songeant à sa femme : « Mes larmes brouillent ma vue, et je ne peux pas plier la lettre [8] ! » Sa manche est humide de pleurs, comme l'on disait, et cette sensibilité n'était pas alors considérée comme de la sensiblerie. Pas de fierté ou de courage mal placés...

« Elle gagne silencieusement sa couche solitaire, et

ses larmes tombent comme une pluie d'été[9] », observe Li Po qui console les beautés attristées : « Ne soupirez point, jeunes femmes, il faudrait soupirer trop longtemps[10] », tout en se disant à lui-même : « Ma belle ne vient pas, c'est en vain que je me tourmente[11]. »

« Si la vie en ce monde est un grand songe, à quoi bon la gâcher en se donnant du mal[12] ? » Poète du plaisir, à l'écoute de tous les sentiments, il faut souligner la grande sincérité de Li Po qui vit comme il écrit : direct et spontané. Nulle fioriture dans ses émotions, on entre dans son phrasé sans y rechercher un sens caché. « Ce que je désire ici-bas, c'est épuiser toutes les joies », écrit l'hédoniste chinois, bien proche parfois des philosophes cyrénaïques de l'ancienne Grèce.

Mais l'amitié est aussi, pour lui, un sentiment essentiel. Il a de nombreux amis, un départ peut le faire pleurer, mais il sait noyer ses larmes dans le vin. Malgré les risques que cela représente, Li Po utilise l'alcool comme éclaircissement de la conscience, pour l'évanouissement du « moi » et l'épanouissement du « soi » selon Chuang Tzu : « Le vrai buveur sera content et joyeux [...]. Le buveur qui cherche son plaisir ne choisit pas son ustensile[13]... »

Nous verrons dans le second chapitre que Li Po est à l'écoute de l'inexprimable et que le Tao résonne en lui. Il recherche la compagnie d'ermites taoïstes. D'ailleurs, quand il était jeune, n'a-t-il pas vécu auprès d'un maître taoïste en étudiant les grands « anciens », Lao Tzu, Chuang Tzu et Lieh Tzu ?

Mais dans « De retour à mon ancien logis du Portail en pierre », Li Po, retrouvant un ami taoïste avec qui il tentait de s'accorder au Tao, regrette d'avoir suivi « une autre voie où la joie s'avéra rare [...] ». Songeait-il aux plaisirs superficiels éprouvés à la Cour de l'Empereur ?

Mais n'est-il toujours pas inspiré par Lao Tzu lorsque, dans un de ses poèmes, il fait dire à l'Empereur : « Moi demeurant dans le non-agir les hommes sont dans le repos[14] » ? Cette attitude taoïste échappe à ce qui captive et rend captif. L'art de gouverner selon le *Tao Te Ching* lui fait écrire : « Quand un homme au caractère noble se voit confier le gouvernement d'un district, son premier souci doit être de chasser de son esprit toutes les affaires pratiques. Qu'il emploie son temps à absorber les herbes magiques et à rechercher les Immortels, et tout se passera bien dans son district [15]. » C'est par la paix intérieure que la paix peut se répandre extérieurement. Ce qui ne convaincra aucun logicien moderne...

Chez les taoïstes, la « respiration embryonnaire », devant faire circuler le « souffle interne » dans le corps, était développée pour mieux garder le souffle originel, principe vital. Ces techniques de type yoguique se concrétisaient aussi par l'élaboration et l'absorption de substances et d'élixirs d'Immortalité.

Li Po connaît ces pratiques. Il « avale la pilule sacrée [16] » que les mages du Tao font mijoter en « philtre magique »...

Et il s'écrie :

... j'ai avalé la dragée sacrée et renoncé aux désirs du
[*monde*
j'ai fait résonner la harpe trois fois et j'ai atteint la
[*Voie* [17].

Ch'en Tzu Ang, mort en prison au VIIe siècle, posa la question suivante : « Mais le parfum de la fleur, enfin, que devient-il [18] ? » Est-ce à lui que Li Po répond : « Le parfum de la fleur se consume dans le vide [19] » ?

Cette façon simple et franche de sauter les règles académiques n'exclut pas le lyrisme : « Et ma verve ne s'épuise qu'à l'heure où s'efface la Voie lactée [20]... » Li Po gambade en toute liberté, il éprouve cette liberté *(tzu yu)* qui revient à se conformer à soi-même, c'est-à-dire que l'origine *(yu)* de soi-même *(tzu)* se situe « à partir » *(yu)* ou « depuis » *(tzu)*... Toujours l'Origine est suggérée ainsi que la traversée *(tzu* et *yu* signifient aussi « par »).

Avoir « soin que jamais sa tasse ne reste vide en face

de la lune [21] », telle est l'activité du poète libre, buveur et musicien : « Jouer du luth et boire du vin sont deux choses qui vont bien ensemble [22]... » Li Po vit dans l'instant présent, la vie est si brève !

Je tombe ivre, mais personne ne m'a renversé.
O coupe d'or, ô aiguière de jade blanc,
Accompagnez-moi dans la vie et dans la mort [23] *!*

Li Po aime lire et apprécie un poète comme Ch'ü Yüan (IVe siècle avant notre ère) : « Les poèmes de Khyn Yuan sont éternels comme le soleil et la lune [24]. » En lisant le poème « Pavillon de la Grue Jaune » de son contemporain Ts'ui Hao, il hésite à reprendre un tel sujet... C'est en tout cas ce que signale Wei K'un dans sa « Montée au pavillon de la grue jaune » écrit au XVIIe siècle.

Plus tard Yüan Hao Wen (XIIIe siècle) écrira : « Le romantisme de Li Po débordait de sa coupe de vin [25]. » Avec humour il observait d'ailleurs : « Les conventions nous tiennent en prison comme la puce dans la culotte [26]... » Et parmi les courts poèmes appelés *Si-jo*, un anonyme écrivait : « J'ai compris pourquoi Li Po vit dans l'ivresse [27]. »

De nombreux poètes chinois chanteront Li Po... Wang Shih Chen (« En montant à la tour de Li T'ai Po ») au XVIe siècle, Wei K'un (« Montée au pavillon de la Grue Jaune ») au XVIIe, Huang Ching Jen (« La tombe de Li T'ai Po ») au XVIIIe siècle, etc. Et l'on peut évoquer différents poètes dans le style de notre « Immortel banni sur terre » comme Ja J'on Ro en Corée qui jouait du luth et « était amoureux de la lune et du vin [28] », ou encore, en Chine, Su Tung P'o qui dut aussi subir l'exil et écrivit sous les Sung des poèmes proches de ceux de Li Po.

Mais comment ne pas songer à Han Shan, devenu lui aussi « Immortel »... Bien qu'il bût moins que Li Po, il savait vider les coupes avant de lire des poèmes [29] puis, ivre, le mont sacré hindou, le Sumeru, lui apparaissait alors aussi petit qu'une boulette [30] ou « pas plus haut que d'un pouce[31] ». Et le rapprochement devient pathétique dans ces vers de Han Shan :

> *Pour le grand passage point n'ai fait de radeau :*
> *Je me noierai peut-être en cueillant une fleur*[32].

Remontons du viie au iiie siècle en rappelant la façon de vivre des « Sept Sages de la forêt de Bambous » *(Chun Lin Ch'i Hsien)*, ces amis[33] taoïstes, poètes et buveurs impénitents... lors de leurs « réunions de vin » *(Chiu Hui)*. Hsi K'ang était « la figure principale[34] », symbole vivant de liberté et de vagabondage. Il pratiquait la méditation et la boisson, les excursions en montagne à la recherche des drogues et... le travail de la forge.

Ces néo-taoïstes détachés des convenances buvaient sans coupes et même les porcs pouvaient venir boire avec eux[35]. Mais les autorités, ne le supportant pas, réussirent à faire condamner Hsi K'ang qui, serein, avant de mourir sous la hache du bourreau joua du luth. Cette exécution peut être comprise comme celle du taoïste en butte aux confucianistes orthodoxes qui pensaient l'empêcher d'accéder à l'immortalité.

Il serait aisé de faire quelques comparaisons avec des écrivains d'autres lieux... Par exemple avec Rabelais, le rapport est évident, non seulement par leur amour de la « dive bouteille » mais parce que Rabelais, « abstracteur de quintessence », avait aussi des relations avec des Mages sinon des Sages, comme « Her Trippa » *(Pantagruel,* chap. xxv) c'est-à-dire : Corneille Agrippa.

Mais l'exemple est encore plus frappant avec Omar Khayyam qui a chanté le vin comme nul autre, même (et surtout) si l'on doit y voir aussi un sens « mystique »... N'est-ce pas en quelque sorte d'une manière taoïste que le poète persan lance :

Laisse-là la science et prends la coupe dans ta main.

ou encore :

Bois donc du vin, car après toi et moi, la lune bien
                              [longtemps encore passera.

Tel était Omar Khayyam qui appréciait « les belles aux joues veloutées » avec qui il prenait « de ce vert hachisch[36]... »

Loin des mortifications, l'enthousiasme et la jouissance sont des vivifications. Observons par exemple l'expression « Bouddha de la joie » *(huan hsi fo)* qui symbolise l'acte sexuel représenté par l'homme et la femme faisant l'amour. D'abord le caractère *fo* (Bouddha) est composé du radical *jen* (homme) et de *fu* (non), comme si la négation de l'homme (le *neti-neti* des hindous ou le « ce n'est pas ainsi », autre traduction de *fu*) était nécessaire à la Réalisation de l'Éveil (*Budh* en sanscrit)... Car cette Réalisation ne rejette pas les plaisirs de la joie[37] et la joie extrême désignée par son redoublement[38] exprime le bonheur d'aimer.

L'être tel qu'en lui-même est *tzu jan*. Il est *tzu* par le soi-même spontané et naturel, il est *jan* en étant ainsi, tel quel... Li Po vivait directement cette spontanéité dans l'instant présent, sans morale ni idéal il laissait aller ses élans et ne les retenait pas, porté par la mouvance du Tao.

1

VIE ET MORT D'UN PRUNIER BLANC

> *Les premières fleurs de prunier*
> *manifestent clairement*
> *la signification du patriarche*
> *venant de l'ouest.*
>
> Hakuin

La planète Vénus apparut en rêve à la mère de Li Po avant la naissance du poète... Vénus était surnommée *T'ai Po* (très blanche) et elle a ainsi donné son nom à Li T'ai Po (*li* signifiant prunier). Ce rêve de « l'Astre d'Or » préfigure le grand éclat, la grande lueur *(t'ai po)* de Li Po qui, écrivant dès l'âge de douze ans, sera vite connu et reconnu.

« Li Po naquit dans l'un des trois derniers mois, donc en hiver, de la première année de Tchhang-ngan, sous le règne de l'Impératrice Wou[1] » à la fin 701-début 702 donc, dans la région des Quatre Vallées, « peut-être même dans le Turkestan russe actuel[2] ».

« La famille de Li Po, qui est supposée descendre de Li Eul, alias Lao tzu, le vieux sage, père légendaire du *Tao te king*, le livre du Tao et de ses vertus, arrive en Chine en 705, à Lung hsi, au bord de la rivière Wei, à l'ouest de la capitale, Ch'ang An. Puis se rend à Ch'an Ming, dans le pays de Shu, au sud. C'est là que Li Po passe sa jeunesse, jusqu'à dix-huit ans, dans une région grandiose de montagnes et de rivières[3]. »

Adolescent, il pratique les arts martiaux, l'escrime en particulier... Le futur voyageur *(k'e)* était habile à l'épée *(chien k'e)*. Tout en effectuant de brillantes études, il commence à voyager. Aussi *Yang* que le prunier *(li)* il devient chevalier errant et redresseur de torts, « telle une étoile filante[4] ». À cette époque, n'hésitant pas à se battre au couteau, il aurait tué plusieurs personnes.

Mais, délaissant déjà la pensée calculante de l'utile pour l'utile, il apprécie les randonnées en montagne et, à dix-huit ans, il va vivre dans le temple T'ai Ming sur le T'ien Shan.

En 722, il se retire avec un ermite taoïste, Tung Yen Tzu, le Maître du pic de l'Est. C'est là qu'il approfondit les œuvres des anciens Sages taoïstes. Tous deux apprivoisent les oiseaux mais, l'ayant su, un sous-préfet vient leur proposer de l'aider dans son travail ou de les envoyer à la capitale... Ils refusent. Il faut dire que nous sommes dans un temps et un lieu où rien n'est séparé, ce n'est pas encore l'époque de la division du travail et quelqu'un qui peut apprivoiser des oiseaux est censé pouvoir rendre bien des services à l'Empire.

Puis Li Po part du pays de Shu, sur le fleuve Bleu, vers l'est. Il rencontre le maître taoïste Szu Ma Cheng qui remarque son « allure d'un taoïste et l'air d'un Immortel »...

L'inspiration de Li Po est féconde, il écrit de nombreux poèmes et voyage du Hu Pei au Ho Nan, sur le lac Tung T'ing dans le Hu Nan ou encore dans la ville de Nan Ching sur le fleuve Bleu. Et il n'hésite jamais à faire l'ascension des sommets qui passent à sa portée...

Après bien des détours, il retourne dans le Hu Pei à An Lu. En 727, hôte d'un ancien ministre, il épouse sa fille Hsu dont il a une fille. Mais la vie vagabonde l'appelle et il reprend ses randonnées...

Au cours de l'un de ces voyages, il rencontre le poète Meng Hao Jen et ils deviennent de grands amis. Li Po dédiera de nombreux poèmes au solitaire de la montagne de Lu Men, ermite épris de boisson, qui s'était

Vie et mort d'un prunier blanc

retiré dans le Hu Pei après quarante ans d'études soldées par un échec à l'épreuve du doctorat. Et pas même l'obtention d'un mandarinat ne put l'en déloger... Li Po n'écrit-il pas : « Il adore les fleurs, et ne sert pas son prince » ? Cette insoumission naturelle plaisait à notre poète vagabond.

En 735 meurt la femme de Li Po. Il repart en voyage puis habite Jen Cheng où il retrouve son père. C'est alors qu'avec cinq amis lettrés il vit près de la rivière de Bambou. Han Chun, Pei Cheng, Kung Chao Fu, Chang Shu Ming, Tao Mien et Li Po sont surnommés « les six ermites du ruisseau des Bambous ». Ces amis des brumes et des nuages flânent en montagne et, cheveux au vent, écrivent des poèmes qui célèbrent le vin, la nature et la liberté.

« Débits de boisson et lupanars prospéraient comme ils n'avaient jamais fait[5]. » À cette époque, si l'écrivain en avait les moyens, il entretenait, outre ses épouses et concubines, des danseuses et musiciennes, c'est-à-dire des courtisanes. « Laissant à la maison épouses et concubines, l'homme emmenait ces filles avec lui un peu partout pour animer ses réceptions de leurs chants et de leurs danses, servir la boisson, et entretenir la conversation. Le fameux poète Li T'ai-po en avait deux[6]... »

Bien qu'au son des flûtes Li Po boive et savoure la présence des courtisanes, il étudie aussi le bouddhisme et gagne sa vie en écrivant des inscriptions dans des monastères. Mais il continue à vibrer selon l'attitude taoïste et, en 742, il fait l'ascension du mont T'ai, une des cinq montagnes sacrées, dans le Shantung, en Chine de l'Est. Il grimpe avec son *ch'in* (sorte de luth) et entend la musique des orgues à bouche tandis que passent « les nuages aux cinq couleurs » signifiant un quintuple bonheur...

Parmi les ermites qu'il rencontre, il apprécie Wu Yun, un taoïste des montagnes chez qui il vit. Wu Yun parle de Li Po à une amie, Yu Chen, une jeune sœur de l'Empereur Hsüan Tsung. Ce dernier en a écho et convoque alors Li Po qui se permet d'écrire dans un poème : « Pourquoi l'Empereur ne m'a-t-il pas appelé plus tôt... ? »

C'était l'heureux temps où, tout comme il n'y avait pas de séparation entre le Ciel et la Terre, il n'y avait pas d'opposition entre travail et plaisir, et les souverains n'hésitaient pas à s'entourer d'artistes ou de Sages, l'art et le sacré étant dans les palais comme dans les rues.

Il est dit et répété que sous la dynastie des T'ang la civilisation chinoise est à son apogée. Les relations sont pacifiques avec l'étranger et les communications sont facilitées par de nouvelles routes. Cet Empire gigantesque mais uni s'étend du Pacifique à la Caspienne... Il est dirigé, à l'époque de Li Po, par un empereur mécène qui adore les arts et joue lui-même du *ch'in*... Une grande liberté se manifeste entre les poètes et les dignitaires, les artistes et l'Empereur. Tous comprennent que le meilleur gouvernement est celui qui gouverne le moins et le *Tao Te Ching* est présent dans tous les esprits.

À Ch'ang An, la capitale, Li Po entre à l'Académie impériale[7], la Forêt des Pinceaux, bien qu'il ne se présente toujours pas aux examens pour briguer un poste important, ce qui est rare chez les poètes lettrés de l'époque. Notre « Prunier Blanc » fleurit dans les fêtes et banquets offerts à la Cour de l'Empereur, toujours prêt à improviser des poèmes et à les calligraphier.

C'est une période féconde, culturellement parlant. Dans les jardins privés, un mur est laissé en blanc pour que des amis, des invités y inscrivent des poèmes. L'art raffiné s'épanouit... Meubles, instruments de musique peints, laqués ou incrustés de nacre, d'or ou d'argent, brocarts de soie, céramiques et porcelaines embellies, objets funéraires, figurines représentant des animaux fabuleux ou encore les dames de la Cour... L'orfèvrerie se développe sous l'influence de l'art du Proche-Orient, les ornements abondent, motifs en relief exprimant principalement des heureux présages... Cet art somptueux est à l'image de l'opulence qui règne à la Cour impériale.

Sous les T'ang, les « beaux-arts » connaissent donc un développement radieux et ce sont surtout les chants, les poèmes qui bénéficient de la faveur des empereurs. Si au début de la dynastie T'ang les poésies étaient plutôt précieuses et superficielles, les poètes deviennent de plus en plus créatifs et c'est sous le règne de Hsüan Tsung qu'éclate le génie de Li Po, qui écrit d'un premier jet, et de Tu Fu, qui rédige lentement...

L'important examen de doctorat de lettré accompli *(Chin Shih)* comprend surtout des dissertations classiques mais à partir de 713, la poésie devient essentielle. L'Empereur aime s'entourer de « lettrés chargés d'expliquer les textes » et il fait recopier les rouleaux d'écrits abîmés, réorganise les bibliothèques, etc.

« Grâce à l'encouragement actif de l'Empereur T'ai-tsong (629-649) et ensuite de l'Empereur Hiuan-tsong (713-756), le chant se purifia et la danse se développa ; les attitudes et le style se raffinèrent. Cela influa alors tant sur la musique de la Cour que sur celle du peuple[8]. » En 714, Hsüan Tsung, d'ailleurs grand musicien, crée deux nouvelles écoles de musique pour étudier le chant et la danse où parfois il enseigne lui-même.

On comprend mieux l'intérêt de Hsüan Tsung pour Li Po... Ils composaient en duo, image exemplaire de l'art vécu par-delà les hiérarchies et les limites sociales. Les musiciens sont donc particulièrement favorisés sous le règne de ce brillant Empereur qui pouvait même gracier un criminel s'il lui jouait une belle musique...

« Pour les Chinois, la musique est d'origine céleste, et son utilisation rituelle permet à l'homme de retrouver ses origines divines. L'homme possède trois moyens d'expression : musique, danse et poésie, nous dit le chapitre du Livre des rites intitulé " Mémorial de la musique ". Les Chinois pensent, comme les Grecs de l'Antiquité, que la musique est un moyen de gouvernement et, en tant que telle, elle est étroitement liée aux rites. Les rites codifient les attitudes en société, la musique s'adresse au cœur. Régulatrice, modératrice, la musique rituelle n'utilise pas les demi-tons, considérés comme impurs. C'est à la musique d'une époque qu'on s'adresse pour savoir si le souverain est bon [9]. »

De même, peinture et calligraphie sont bien sûr très goûtées. Un des plus grands peintres de l'époque T'ang, Wu Tao Tzu, peint des centaines de fresques dans les temples de Lo Yang et de Ch'ang An. La haute technique de son art et la vigueur de son style en font un maître admiré des foules qui se pressent pour le voir à l'œuvre...

Chang Hsüan est très remarqué pour ses peintures de « Jeunes nobles », « Dames de haut rang », etc. Et l'Empereur Hsüan Tsung devait aimer son œuvre intitulée « Chevaux de selle » car, dit-on, il était amateur de chevaux au point d'en posséder quarante mille ! Mais c'est surtout la peinture de Han Kan, « Brillante lumière de la nuit » qui enthousiasme l'Empereur... Elle représente l'un de ses chevaux favoris qui se cabre. Cette grande maîtrise de l'artiste qui a peint à l'encre sur un rouleau de papier se retrouve alors dans la plupart des arts T'ang ; on dirait aujourd'hui que la capitale était un carrefour ethno-culturel international.

Les religions étrangères ne sont pas encore proscrites comme elles le seront un siècle plus tard. L'Empereur Hsüan Tsung, que l'on croit plutôt confucianiste, est très ouvert au bouddhisme et surtout au taoïsme. Ne fait-il pas construire un temple taoïste dans chaque cité de son Empire ? Et il donne aux trois grands ouvrages taoïstes (de Lao Tzu, Chuang Tzu et Lieh Tzu) la dignité de « classiques ».

Néanmoins, après que l'Impératrice Wu eut abdiqué, le bouddhisme qu'elle favorisait reprenant une place égale au taoïsme, l'Empereur Hsüan Tsung n'hésita pas à diminuer le nombre de bonzes qui prenaient le « refuge » pour une planque... C'est aussi l'époque où des moines-étudiants japonais vont chercher en Chine nombre de traités anciens ou même de Maîtres vivants[10]...

« Il est tout de même merveilleux de penser que c'est sous la dynastie des T'ang, au pinacle du raffinement, qu'a pu fleurir le Zen qui s'est débarrassé de tout ce qui n'était pas essentiel pour arriver à l'une des formes les plus épurées de la civilisation véritable[11]. »

Il y a dans l'enseignement *Ch'an* une nette distinction entre l'école du Nord de Shen Hsiu, cultivant l'Éveil graduel, et l'école du Sud du fameux Hui Neng, incitant à l'Éveil soudain. On peut admettre qu'il y a aussi en peinture une école du Nord caractérisée par la précision du trait et un soin méticuleux quasi « graduel », école fondée par le peintre Li Szu Hsün, différente d'une école du Sud représentée par le lavis monochrome de Wang Wei qui exprime les grandes lignes principales dans ses paysages qui dégagent ainsi des perspectives plongeant « subitement » au cœur de l'essentiel.

Contemporain de Li Po, le premier lettré à la fois peintre et poète proche du Tao est un adepte *Ch'an* disciple de Shen Hui, Wang Wei[12], qui joue du luth... « Seul un rayon de lune est venu m'éclairer[13]. » Il fait partie des artistes qui entourent le prince Ch'i, frère de Hsüan Tsung. Wang Wei sera compromis lors de la rébellion de An Lu Shan, mais pourra regagner les faveurs de la Cour.

La danse du sabre du général P'ei Min, la calligraphie de Chang Hsin et les poèmes d'amour de Li Po étaient appelés par l'Empereur : « les trois incomparables »... Li Po devient donc le favori de l'Empereur qui recherche sa compagnie et joue du luth pendant que le poète chante ce qu'il vient d'écrire...

Le libre et insouciant Li Po entraîne à la Cour ses cinq amis de « la rivière de Bambous » auxquels se joignent le précepteur du prince héritier et le vieux ministre et poète Ho Che Chang. Boire et écrire sont leurs occupations préférées et ils prennent comme nom « les huit Immortels dans le vin »!... Ou, selon le père Amiot, « les huit Sages de la bouteille ». D'ailleurs, n'appellera-t-on pas Li Po *chiu hsien,* l'Immortel du vin ?

Ce vin *(chiu)* est une boisson fermentée — sorte d'eau-de-vie de grain de riz ou de froment — se buvant chaude dans des petites tasses. Il est aussi différent du vin de raisin que du *koumis* ou *comos* d'origine mongole : le lait fermenté de jument (*lao* en chinois).

Pour cette joyeuse bande sacrifiant aux grandes beuveries, le bonheur était dans l'ivresse et Li Po n'avait pas honte de se présenter saoul devant l'Empereur. On pardonne tout au génie, surtout lorsque l'ivrogne génial arrive à être capable d'écrire un poème lyrique sur demande...

Le célèbre Tu Fu écrivit un poème sur ces « huit Immortels dans le vin[14] ». Ce poète, plutôt sérieux malgré la consonance de son nom, n'est pas un assez grand buveur pour faire partie de ces « voyageurs de l'alcool » *(chiu k'e)*... À propos de celui qui deviendra son ami, Tu Fu écrit :

Sous l'influence d'une seule mesure de vin, Li-taï-pé
  [produit aussitôt cent pièces de vers.
Un soir qu'il sommeillait à demi, au fond d'une taverne
  [de Tchang-ngan,
L'Empereur le fit appeler pour se promener avec lui en
  [bateau. Li-taï-pé s'y refusa.
Dites à l'Empereur, répondit-il, que son sujet est un
  [Immortel dans le vin[15].

Il y avait aussi le vieux Ho Che Chang, avons-nous dit ; ce membre de l'Académie des *Han Lin* présidait leurs réunions et leurs ivresses... C'est ce ministre qui surnomma Li Po « l'Immortel banni sur terre ». Peut-être pensait-il que le Souverain du Ciel avait banni Li Po du firmament parce qu'il buvait trop... À quatre-vingt-trois ans il se faisait appeler « le fou de Szu Ming ». Pour l'Empereur amusé, il était « Ho le diable »...

En 743, Ho Che Chang, malade, effectue une randonnée spirituelle dans l'invisible Tao... Rétabli, il annonce sa décision de partir un an plus tard dans son pays natal pour s'accorder au Tao dont on ne peut parler. Il mourra là-bas « de retour au pays », comme s'intitule un de ses poèmes :

> *Jeune, j'ai quitté ma maison, vieillard, j'y reviens.*
> *Mon accent est le même mais mes tempes sont grises.*
> *Mes enfants me regardent sans me reconnaître*
> *Et demandent en souriant d'où vient l'étranger* [16].

C'était lui qui avait présenté le dieu déchu ou exilé, Li Po, à l'Empereur. Notre poète vit donc à la Cour et fait des rencontres importantes comme celle de l'alchimiste taoïste Sun T'ai Chung. Mais il aime toujours vagabonder en montagne...

Deux événements rompent le charme de cette douce et enivrante ambiance. Un jour où il se promène avec l'Empereur, Li Po a mal aux pieds et Hsüan Tsung ordonne au chef des eunuques, Kao Li She, de déchausser « l'Immortel banni sur terre ». Cet eunuque, très honoré par les courtisans, est particulièrement vexé et ne songera qu'à se venger...

Il faut ouvrir une parenthèse pour faire remarquer d'une part que le nombre d'eunuques augmentait sous les T'ang, leurs pouvoirs menaçant même l'Empire, et d'autre part que, délaissant ses quarante mille femmes (autant que de chevaux?), l'Empereur était alors fou d'amour pour sa favorite, la pulpeuse Yang Kuei Fei. Signalons aussi qu'à cette époque était oubliée la mode portant vers la minceur des femmes comme sous les Six Dynasties (IIIe-IVe siècle). En ce temps-là, les rondeurs sont recherchées et les pleines lunes bien arrondies. Yang Kuei Fei n'était-elle pas agréablement potelée ? Trop sans doute à son goût... Mais luxe et luxure se combinaient à ravir, au grand plaisir des poètes passant d'un pinceau à l'autre...

C'est alors que se produit le second événement qui va inciter Li Po à s'écarter de la Cour. Au pavillon de Santal l'Empereur s'attendrit auprès de sa favorite et fait quérir son poète préféré afin qu'il écrive un poème de circonstance...

Li Po arrive, ivre mais inspiré comme d'habitude. Il écrit puis chante, accompagné au luth par l'Empereur. Et voilà qu'emporté par son lyrisme enivré, il compare la séduisante Yang Kuei Fei aux fleurs et à Fei Yen, une beauté célèbre qui, au IIe siècle avant notre ère, fut enlevée par l'Empereur des Han, Wu Ti, et devint impératrice [17]...

Seulement, Fei Yen, « Hirondelle Volante », était connue pour sa finesse et sa légèreté. C'est ainsi que l'eunuque, bafoué, fera tout pour faire comprendre à la potelée Yang Kuei Fei que cette comparaison est insolente... Sans même parler de la vertu frivole de l'hirondelle. Influençable, la favorite pense qu'elle a été offensée...

Le climat devient moins serein à la Cour et Li Po, lassé de ces intrigues, insiste auprès de l'Empereur pour se retirer. Hsüan Tsung accepte finalement de voir partir son ami, et il lui offre une forte somme et nombre d'habits personnels en guise de cadeau d'adieu.

À l'automne 744, après deux années passées à la Cour, Li Po va reprendre la route... Ses amis se réunissent pour fêter l'éternel voyageur. « Il aimait la vie libre, le vin, la joie, il ne fut jamais, dans l'admirable Cour des T'ang, un poète apprivoisé [18]. »

Il va d'abord chez son vieil ami le taoïste Yuan Tan Chiu, sur le mont Sung, puis il reprend ses voyages... « Je n'ai pas de nom. Jadis j'ai usé de la manche du souverain pour essuyer mes lèvres [19]. » Au temple de Lao Tzu à Tsi Chou, le grand prêtre lui donne un « diplôme » taoïste et le poète écrit :

j'ai avalé la dragée sacrée et renoncé aux désirs du
[*monde*
j'ai fait résonner la harpe trois fois et j'ai atteint la Voie...

A Loyang, Li Po rencontre le célèbre Tu Fu (712-770) que l'on surnomme le plus grand des poètes ou « génie poétique » *(shih sheng)*. Toujours on considérera Li Po et Tu Fu comme les deux plus grands poètes chinois... « Si Tou Fou adopte le ton égal, impersonnel, extérieurement impassible, qui fait l'essence de la poésie classique, Li Po, au contraire, est plein d'élan, de spontanéité, d'accents personnels et directs ; il exprime ouvertement son sentiment et entraîne le lecteur [20]. »

Ainsi se complètent-ils. Ils boivent et cueillent ensemble des herbes magiques. Et Claude Roy traduira Li Po :

À Tou Fou

Sur la Montagne du Riz Bouilli
J'ai rencontré le grand Tou Fou.
Il portait un chapeau de bambou
dans la brûlure de midi.
Pourquoi êtes-vous devenu si maigre ?
Est-ce le malheur d'être poète ?

De son côté Tu Fu écrit :

Toi, ô Po, ta poésie est sans rivale,
tes pensées élevées ne ressemblent pas à celles des
[autres [21] !

Par la suite Li Po lui enverra un poème comme « De Sha Ch'iu adressé à Tu Fu » tandis que Tu Fu rêvera de Li Po [22] lorsque « le lointain exilé n'envoie point de nouvelles... ». Car Tu Fu part à Ch'ang An, la capitale, pendant que Li Po s'en va vers le nord. Notre voyageur se remarie et a des enfants dans le pays de Lu, ce qui ne l'empêche pas de continuer à vagabonder.

Vers 750, Li Po s'adonne à l'alchimie qui, en Chine, est souvent prise pour la voie de l'élaboration de la pilule d'Immortalité. Il réalise ces expériences auprès du maître Sun T'ai Ch'ung. En 754, sa femme meurt et Li Po se remarie à nouveau...

Pendant ce temps on assiste à la décadence de l'Empire. Hsüan Tsung, toujours aveuglé par son amour pour Yang Kuei Fei, laisse le pouvoir aux mains de ministres tyranniques. C'est aussi l'époque de grandes sécheresses, de défaites militaires, d'épidémies et de cataclysmes naturels. Toutes ces calamités sont éprouvées comme des châtiments du Souverain d'En Haut...

Les Tibétains que l'on imagine aujourd'hui si pacifiques pillent régulièrement les villes frontières (ils iront jusqu'à dévaster la capitale en 763) ; les Arabes ne sont pas en reste et, en 751, les Chinois sont écrasés dans le Turkestan. Malgré ces problèmes politiques, le règne (712-756) de Hsüan Tsung, le « Prince de la Prospérité », se déroule harmonieusement jusqu'à la fameuse insurrection de An Lu Shan.

Les historiens distinguent généralement la période *K'ai Yüan* (713-741), particulièrement resplendissante, durant laquelle l'Empereur sait s'entourer de sages conseillers, de la seconde : *T'ien Pao* (742-755), pendant laquelle le souverain se désintéresse progressivement des affaires de l'Empire. Certains ministres rusés comme Li Lin Fu ont alors leur part de responsabilités dans cette décadence.

L'Empereur avait supprimé les ateliers de brocart pour enrayer la propagation du luxe mais, à partir de 745, date de l'entrée en scène de la belle Yang Kuei Fei, des centaines de personnes sont chargées de tisser des brocarts... On reproche alors à l'Empereur de trop apprécier les plaisirs du harem.

Observons de plus près la terrible révolte de An Lu Shan et de Shih Szu Ming qui éclata en 755. Tous deux sont nés dans le Turkestan, ce sont de grands guerriers mais, flatteurs et rusés, ils savent monter en grade et entrer à la Cour de l'Empereur. « Lu » remporte des victoires, rapporte d'importants butins et reçoit aussi des faveurs du côté du harem... Malgré quelques défaites, ce fils adoptif de la favorite, selon Hsu Sung Nien, voit sa position stable et enviée. Titres, charges et nominations se succèdent et il bénéficie surtout de la confiance de l'Empereur. Pourtant, dès 753, tous les observateurs savent que la rébellion est imminente, seul le souverain refuse d'y croire. Le poète Chang Chiu Ling (673-740) n'avait-il pas mis en garde l'Empereur contre le complot qui se tramait ?

Dans les territoires qu'il gouverne, An Lu Shan rassemble cent cinquante mille hommes. En décembre 755, il part à la tête de ses troupes en massacrant tous ceux qui s'opposent à lui. Partout la panique se répand... Le 14 juillet 756, l'Empereur et sa suite s'enfuient vers l'ouest. A Ma Wei, ses propres soldats se révoltent et exigent la mort de la favorite Yang Kuei Fei qu'ils considèrent comme à l'origine de la chute de l'Empire. Rappelons qu'avant de monter sur le trône, Hsüan Tsung avait dirigé un soulèvement et fit périr la redoutable impératrice Wei qui venait d'empoisonner en 710 son mari Chung Tsung... A présent, à la fin de sa vie, le vieil Empereur doit faire exécuter celle qu'il a trop aimée. Yang Kuei Fei est pendue dans le temple du Bouddha[23].

Pendant ce temps les troupes de An Lu Shan se livrent au pillage de la capitale et Tu Fu écrit dans sa « Chanson du toit de chaume abîmé par le vent d'automne » : « Depuis la rébellion, le sommeil me fuit. »

Hsüan Tsung donne l'ordre à son troisième fils, Su Tsung, l'héritier du trône, d'aller se battre contre les rebelles. Mais entre-temps, un nouveau complot s'était monté autour de An Lu Shan qui est assassiné en 757... Il est remplacé par An Ch'ing Hsü.

Li Po avait accepté l'hospitalité d'un grand seigneur, Li Lin, qui s'insurge secrètement, et, sous prétexte d'aller combattre An Lu Shan, il enrôle Li Po de force dans l'armée rebelle, en tant que conseiller.

Attiré par ma trompeuse renommée,
On me cherche. Je descends de force dans le bateau du
[général[24].

Il est vrai que Li Po écrivait contre un chef tartare : « Abattre moi-même d'un seul coup la tête du barbare Leou-lan[25]. » Souvenons-nous que Li Po, dans sa jeunesse, était un grand connaisseur en armes blanches et art martial...

Mais l'armée rebelle échoue, le prince Lin est exécuté, Li Po se rend compte trop tard dans quel guêpier il s'est fourré. Le poète s'enfuit mais, accusé de trahison et de complicité, il est emprisonné tandis que l'armée impériale reprend la situation en main.

Li Po est néamoins libéré et s'éloigne au plus vite, tandis que des intrigues le font bannir dans le Sud-Ouest de la Chine. Mais pour un exilé du Ciel, qu'est-ce qu'un exil bassement terrestre ? Au printemps 759, l'Empereur rappelle les exilés, révise les procès et diminue les impôts pour se concilier le Souverain d'En Haut... Li Po est pardonné et fait demi-tour.

En novembre 757, le nouvel empereur Su Tsung ayant enrôlé d'arrogants guerriers Ouïgours *(Hui ho)*, la capitale Ch'ang An est reprise[26]. En janvier 758, le vieil Empereur était revenu dans son palais mais les batailles continuèrent jusqu'en 762, date de la mort de Hsüan Tsung ainsi que de Su Tsung. Tai Tsung devient empereur et arrive à bout des insurgés en janvier 763. La dynastie des T'ang (qui finit en 907) n'a pas été renversée mais le pays, ravagé par ces guerres, mettra longtemps à récupérer...

Les dernières années de Hsüan Tsung furent lugubres. Le vieil Empereur, inconsolable, ne songeait qu'à celle qu'il avait aimée. Il fit venir des mages taoïstes pour la rechercher dans l'au-delà. L'un d'eux lui assura l'avoir retrouvée sur une montagne fabuleuse peuplée d'Immortels. Yang Kuei Fei lui aurait même dit qu'elle retrouverait l'Empereur dans une douzaine d'années... Le poète Li Shang Yin en fit un poème un siècle plus tard[27].

Dans « Le chant de l'éternel regret » *(Ch'ang hen ko)*, Po Chii I (772-846) décrira toutes les péripéties de ce drame dans une longue et belle épopée lyrique que je ne résiste pas au plaisir de vous faire partager :

Vie et mort d'un prunier blanc

L'empereur des Han, féru de luxure, rêvait d'une beauté à
                                              [ruiner un trône ;
  Mais régnait déjà depuis bien des ans, sans avoir jamais pu
                                              [la découvrir.
Dans la famille Yang était une vierge, encor dans la fleur de
                                             [l'adolescence ;
  Nourrie au fond d'un gynécée, elle était de tous ignorée.

Ayant reçu du ciel le don de la beauté, il ne se pouvait pas
                                            [qu'elle se tînt recluse :
  Un jour, elle fut appelée à approcher le souverain.
Quand, coulant un regard, elle vint à sourire, on vit éclore
                                                  [tant de charmes,
  Que, dans les six harems, sous les fards et les khôls, nulle
                                                [autre n'eut plus nul éclat.

Par un frileux printemps, elle eut l'honneur du bain, au
                                          [Bassin des Candeurs florales,
  Dont la source chaude, au flot caressant, lustra ses blan-
                                               [cheurs onctueuses.
Des suivantes la relevèrent, délicate et tout alanguie :
  C'est alors qu'elle commença de goûter aux faveurs du
                                                     [prince.

Cheveux en nuée, visage en fleur, elle eut l'aigrette d'or qui
                                             [tremble au pas des reines ;
  Sous la tiède courtine à fleurs de nénuphar, elle connut les
                                             [nuits d'amour printanières.
Trop brèves nuits d'amour, hélas ! avec le soleil si prompt à
                                                    [monter :
  Dès lors le souverain s'abstint de l'audience matinale.

Soumise à ses plaisirs, le servant aux festins, elle n'eut répit ni
                                                 [relâche ;
  Partageant au printemps ses ébats printaniers, et chaque
                                             [nuit compagne de ses nuits.
Dans les retraites du harem, étaient trois mille belles femmes,
  Trois mille, dont l'auguste amant n'aima désormais qu'une
                                                      [seule.
Ayant, dans la chambre d'or, parfait sa parure, elle employait
                                        [sa grâce aux tendres soins nocturnes ;

*Au pavillon de jade, achevé le festin, l'ivresse s'accordait à
 [l'ardeur amoureuse.
Ses sœurs, ses frères, tous, furent pourvus de fiefs ;
 Hélas ! d'un tel éclat s'illustra sa maison,
Que par tout l'empire, au cœur des parents
 Fut moins précieux le berceau d'un fils que la naissance
 [d'une fille.
Dans le palais du Cheval noir, qui dresse ses hauteurs parmi les
 [nuées bleues,
 Planaient de célestes accords, dont les vents dispersaient çà et
 [là les bouffées.
C'étaient des chants traînants et de lentes pavanes, sur des
 [tenues de cithare et de flûte ;
 De tout le jour, le Souverain ne se lassait pas de la
 [contempler...*

*Surgis de Yu-yang, les tambours de guerre, faisant trembler le
 [sol à leur approche,
 Jettent la panique au milieu de l'air « Jupe d'arc-en-ciel et
 [veste de pennes ».
Sur les remparts de la ville aux Neuf Portes, vont se lever des
 [jours de cendre et de fumée !
 Avec mille chars et dix mille cavaliers, la Cour vers le Sud-
 [Ouest s'ébranle.*

*L'enseigne impériale oscille au gré des élans et des haltes,
 Et n'a, hors de la capitale, franchi qu'un peu plus de cent
 [stades,
Quand les Six Légions refusent d'avancer : hélas ! rien n'y put
 [faire ;
 Frêle victime résignée, la belle aux sourcils en antennes périt
 [au milieu des chevaux.*

*Les joyaux ciselés de sa coiffure jonchent le sol sans que nul les
 [ramasse,
 Avec ses plumes de martin-pêcheur, son oiseau d'or, ses
 [épingles de jade.
L'Empereur s'est voilé la face, impuissant à la secourir ;
 Il se retourne enfin, regarde, et du sang coule avec ses
 [larmes.*

Vie et mort d'un prunier blanc

Par-delà les sables épars, sous les sifflements des rafales,
Sur des ponts enjambant la nue, et par les lacets des corniches,
[*il franchit les cols de Kien-ko,*
Au pied du mont O-mei, où peu de passants s'aventurent,
Ses bannières n'ont plus d'éclat sous la mince clarté du jour.

Au pays de Chou, dont le fleuve est glauque, au pays de Chou,
[*dont les monts sont bleus,*
Le Saint Souverain, d'aurore en aurore et de vêpre en vêpre,
[*est meurtri d'amour.*
De son palais d'exil il n'aperçoit la lune, que l'éclat ne l'en
[*blesse au cœur ;*
Sous l'averse nocturne entend-il des clochettes, leurs sons le
[*prennent aux entrailles.*

Le ciel se meut, le soleil tourne, et, rentrant enfin, l'Empereur
Atteint le lieu funeste : il demeure éperdu, doutant de passer
[*outre.*
Au pied des talus de Ma-wei, dans la glaise et le sable,
Il ne distingue plus la place, à présent vide, où trépassa la
[*belle au visage de jade.*

Le prince et ses suivants s'interrogent des yeux, et tous de
[*pleurs mouillent leur robe ;*
Puis, vers l'Est, à la capitale, par leurs chevaux se laissent
[*ramener.*
Au retour, étangs et jardins, tout est comme autrefois,
Le Sublime Lac et ses nénuphars, le Palais des Jours-sans-
[*Terme avec ses saules.*

Aux nénuphars ressemblait son visage, les saules font penser à
[*ses sourcils ;*
A tel aspect comment ne pas verser de larmes,
Soit, sous les brises du printemps, que pêchers et pruniers
[*fleurissent,*
Soit qu'aux averses de l'automne les sterculiers perdent leurs
[*feuilles ?*

Au Palais de l'Ouest, au Palais du Sud, foisonnent les herbes
[*d'automne ;*
Des feuilles mortes qui parsèment les perrons, les rousseurs
[*désormais ne sont plus balayées.*

*Au Clos des Poiriers, les musiciens ont maintenant les cheveux
[qui blanchissent;
Au Harem des Senteurs-de-Poivre, les eunuques et les filles
[d'atour commencent à vieillir.*

*Le soir, dans son palais, au vol des lucioles, l'Empereur songe
[avec tristesse;
Sa lampe solitaire achève de brûler sans qu'il parvienne à
[s'endormir.
Par de lents battements, la cloche et le tambour commencent
[d'annoncer la nuit interminable.
Puis le tremblant éclat du Fleuve Sidéral pâlit dans le ciel où
[le jour va poindre.*

*Les tuiles figurant les deux oiseaux conjoints se glacent sous le
[givre aux floraisons pesantes;
La couverture à couples de martins-pêcheurs reste froide :
[avec qui la partagerait-il ?
Depuis qu'un abîme infini du vivant sépare la morte, plus
[d'une année s'est écoulée,
Sans que l'âme de l'aimée l'ait visité dans ses rêves.*

*Un taoïste de Lin-k'iong, séjournant dans la capitale.
Était capable, par sa parfaite ferveur, de faire apparaître les
[mânes.
Tous s'affligeant de voir le souverain s'épuiser d'insomnie à
[regretter l'absente,
On ordonna à ce nécromant de s'employer à sa recherche.*

*Fendant la nue et chevauchant l'éther, il s'élance comme la
[foudre,
S'élève au ciel, s'enfonce dans le sol, mène en tous lieux sa
[quête;
Il scrute, en haut, l'azur de l'empyrée, en bas, les sources
[infernales :
Ici ni là, dans les vastes espaces, il ne découvre rien.*

*Il apprend enfin qu'il est sur la mer une montagne merveil-
[leuse,
Une montagne au milieu des secrets déserts de l'insondable;*

Vie et mort d'un prunier blanc

*Des palais sculptés s'y dressent parmi les nuages de cinq
[couleurs ;
Là vivent délicatement bon nombre d'Immortelles.*

*L'une d'elles porte le nom de Purissime-Essence :
Chair de neige et visage en fleur, il semble bien que ce soit
[elle.
Passant le porche d'or, au pavillon de l'Ouest, le magicien
[heurte à l'huis de jade,
Se fait par Menu-Jade annoncer à Double-Succès.
Entendant qu'on annonce un messager du Fils du Ciel des
[Han,
Sous les courtines aux neuf fleurs l'âme surprise dans son
[rêve,
Ses voiles rassemblés, repoussant les coussins, elle se lève,
[encor tout hésitante ;
Puis, par les crochets d'argent soulevé, son rideau de perles
[s'entrouvre :*

*Les nuages de sa coiffure encor tout déviés par le récent
[sommeil,
Sans même ajuster son bandeau fleuri, elle se rend à la
[grand-salle.*

*Au gré de la brise ondulant, ses manches de déesse flottent,
Évoquant encore le pas « Jupe d'arc-en-ciel et Veste de
[pennes » ;
Sur son pur visage attristé, lentement des pleurs coulent :
Un rameau de poirier fleuri, au printemps, tout perlé de
[pluie !*

*Contenant son émoi et retenant ses larmes, elle rend grâce à
[son Seigneur et Prince :
Depuis la séparation, son visage, sa voix, tout se perd dans
[du vague ;
Les ferventes amours du Palais Tchao-yang, la trame en est
[brisée ;
Dans ces séjours enchantés de P'ong-laï, que les jours et les
[mois sont lents !*

*Si le regard s'en détourne et s'abaisse vers le monde où vivent
[les hommes,*

Il ne distingue pas Tch'ang-ngan, la capitale, et ne voit que
[poudre et brouillard.
Que du moins ces reliques du passé témoignent d'un profond
[amour :
Ce drageoir incrusté de gemmes, cette épingle aux deux
[branches d'or, que le messager les emporte !

Elle conservera de l'épingle une branche, et du drageoir une
[partie ;
Et, rompant l'or pur de l'épingle, des incrustations divisant
[les figures :
« Que seulement soient nos deux cœurs, comme la gemme et
[l'or, constants,
Et, dans les cieux ou chez les hommes, un jour nous nous
[retrouverons ! »

Au mage, qui repart, elle confie encore, en termes chaleureux,
[un suprême message,
Message contenant le rappel d'un serment, que, seuls, les
[deux amants dans leur âme connaissent :
Le septième jour du septième mois, au Palais d'Éternelle
[Vie [28]*,*
Quand, vers la minuit, sans témoins, s'échangeaient les
[propos d'amour,

« Faisons vœu », fut-il dit, « d'être au ciel deux oiseaux au vol
[inséparable ;
Faisons vœu d'être au sol le couple végétal qu'unit un seul
[feuillage ! »
La double éternité du ciel et de la terre, un jour, peut-être,
[finira ;
Mais ce regret, sans cesse, ira perpétuant son intarissable
[durée [29]*.*

A la fin de 762, Li Po se retira auprès de son ami calligraphe Li Yang Ping à Tang Tu. Peu avant de mourir il écrit son dernier poème : « Chanson aux approches de la route » :

Le grand Phénix a pris son vol — ébranlant l'octuple
[univers ;

Vie et mort d'un prunier blanc

> *Mais au cœur du ciel il défaille — ses forces ne le*
> *[soutiennent plus.*
> *Le vent qu'il laisse stimulera — dix mille générations;*
> *Naviguant vers le mûrier solaire — il pend sa manche*
> *[à un rocher*[30].

En Chine, il était d'usage de « laisser des instructions », sorte de « testament moral », écrit J.-P. Diény, poème philosophique écrit sous forme de quatrain. À l'article de la mort, ces « mots de la fin » résonnent comme un « adieu au monde »...

Dans ce dernier poème de Li Po nous trouvons le grand *P'eng,* cet oiseau fabuleux... l'« oiseau-rock » de certains contes orientaux. C'est de cet oiseau mythique dont il est question au tout début de l'œuvre de Chuang Tzu (et aussi dans Lieh Tzu V,2) en son premier chapitre (« voyager, flâner au loin ») où le *P'eng* symbolise le *Yang,* principe masculin, par rapport au *K'un,* monstre marin exprimant le principe féminin *Yin* d'où le *P'eng* est sorti. On pourrait y voir aussi une image de l'Être issu du Non-Être, expression majeure de la sagesse taoïste. Cet oiseau *P'eng,* qui se retrouve d'ailleurs dans un autre poème de Li Po[31], vole vers le *fu sang,* ou mûrier solaire, qui est un arbre symbolisant le lieu ou le soleil se lève : c'est le soleil qui grimpe à cet arbre.

Mais la tradition ne fera pas mourir Li Po dans son lit. Dans le onzième mois lunaire de la première année de *Pao Ying* (fin 762-début 763), cet éternel buveur et voyageur meurt dans le fleuve Bleu en voulant saisir le reflet de la lune dans l'eau... Ivre, il avait alors sans doute tenté de boire la lune ! Cette démesure dans l'ivresse l'aurait conduit au Ciel sur le dos d'un poisson géant (sorte de *K'un?*)...

Il existe pourtant une tombe de Li Po au pied de la Montagne Verte *(Ch'ing Shan)* dans le Tang T'u, à l'est de la province du An Hui, et de nombreux temples furent élevés en son honneur. Mais que l'on me permette de souligner plutôt la noyade du poète. Chang

Hsü, un des « Huit Immortels dans le vin », n'écrivait-il pas : « On prend la lune, en riant, dans l'eau pure [32] » dans sa « barque voguant sur l'eau pure » ?

Et comment ne pas se souvenir des paroles de Li Po lorsqu'il écrivait : « Ivre, je me lève pour accompagner la lune de la rivière [33] ? » Et de même : « Et boire dans l'eau la lune [34]. » Ou encore, dans son poème « Boire seul sous la lune [35] », ne disait-il pas que la lune ne sait pas ce qu'est « boire » ?

Comment ne pas songer à la métaphore Zen de la non-causalité dans la « lune-dans-l'eau » rapportée par Alan Watts : « La lune se reflète spontanément et l'eau ne réfléchit pas son image dans un but déterminé. Le phénomène a sa cause aussi bien dans l'eau que dans la lune, et, tout comme l'eau témoigne de la clarté de la lune, la lune témoigne de la clarté de l'eau [36]. »

La mort de Li Po ne témoigne-t-elle pas à la fois de l'eau de la lune et du vin embrassés dans une même étreinte ?

2

LI PO FOU EN TAO ?

« Au commencement suprême il y avait il n'y a pas... pas de possession, pas de désignation » *(t'ai ch'u yu wu, wu yu wu ming)*.

Ainsi pourrait-on lire, avec le sourire taoïste, le huitième paragraphe du douzième chapitre de *Chuang Tzu*. « Il y avait il n'y a pas »... Ce paradoxe est une clé d'ouverture qui nous enferme dehors, dans le grand espace où tout se fait sans faire. Ce paradoxe nous renvoie à la dialectique de l'existant et du non-existant dont l'apparence ne tient qu'à la désignation, le « sans-nom » *(wu ming)* étant l'inconnu.

C'est en fin de compte à la métaphysique de l'Être *(yu)* et du Non-Être *(wu)* que nous convie le grand Sage. Dans la perspective taoïste, le Vide est à l'origine du Plein tout comme l'Être est issu du Non-Être. La cause de tout ce qui est ne vient-elle pas de ce qui n'est pas ?

Aux sources limpides se fait le Retour et les contingences se dissipent. Avec cette gnose agnostique, nous sommes loin des sentiers battus où (se) débattent les disputeurs dont on nous rabat les oreilles — trop petites (voir celles de Lao Tzu). Et le « vent qui souffle à côté de l'oreille » *(erh p'ang feng),* ces paroles sans intérêt, est moins essentiel que « le vent dans les pins », cette musique de l'arbre de longévité qui se retrouve dans de nombreux poèmes chinois.

« La majorité des poèmes se rapportent aux visites

des poètes chez les moines retirés dans la solitude de la nature, le plus souvent à la montagne. On va chercher auprès d'eux la liberté, l'oisiveté, là-haut parmi les brumes qui flottent sans attache, au sein " des monts et des eaux " que tant de pièces décrivent. Le monastère, l'ermitage sont des lieux de retraite, où l'on se retrempe dans une atmosphère de pureté sacrée [1]. »

Et Li Po, buveur, voyageur, est particulièrement attiré par les ermites poètes (Meng Hao Jen), buveurs (Hu Szu) ou taoïstes (Tung Yen Tsu, Szu Ma Cheng Cheng, Yuan Tan Chin)... Ces ermites ne sont généralement pas des ascètes intransigeants, des renonçants acharnés... Ils apprécient les visites et aiment boire. Et Li Po apporte ce qu'il faut pour écouter le moine de Shu jouer du luth, pour rendre visite à Hu Szu dans son ermitage ou encore pour boire « avec un ermite dans la montagne » !

Déjà, chez Chuang Tzu [2], nous observons le thème de l'ermite absent. Liu Ch'ang Ching, dans sa visite au taoïste Ch'ang de Nan-Ki, ne constate-t-il pas : « Nous nous croisons sans nous rencontrer », tout en songeant au poème de Ch'iu Wei : « Je cherche en vain l'Ermite de la Colline de l'Ouest [3]. »

Les solitaires ont-ils disparu, évaporés dans l'éternité comme des Immortels ? Le poète Li Shang Yin écrit :

*je cherche le moine qui vit dans cette chaumière isolée
mais je n'y trouve que des feuilles mortes* [4]

Parfois, l'ermitage n'est pas totalement vide et au poète Chia Tao un jeune disciple dit que son maître est allé cueillir des simples :

*il est là-bas, dans la montagne
la brume est trop dense, comment le trouver* [5] ?

Parce qu'il était fréquent dans l'ancienne Chine traditionnelle d'aller rendre visite à des ermites, parfois bouddhistes, le plus souvent taoïstes, les rencontres ne pouvaient pas toujours se faire. La visite à l'ermite absent est une constante méconnue de la poésie chinoise.

Ce qui revient non seulement à souligner le désappointement du poète devant cette absence, mais aussi à dégager une perspective métaphysique de l'absence, donc de la vacuité, pour le visiteur qui se retrouve face à lui-même. Voie non duelle, le taoïsme s'apparente à une voie « négative » qui procède par élimination et qui laisse aussi peu de traces que celles de l'ermite éclipsé...

Effectivement, dans le poème « Rendant visite à un moine de la montagne et ne le trouvant pas[6] », Li Po éprouve une expérience spirituelle « accordé[e] ici au paysage alentour ». Ou encore lors de sa « Visite à un maître taoïste du T'ai t'ien shan » :

> *en haut du Pic de Jade la cascade est suspendue*
> *nul ne peut me dire où le maître s'en est allé*
> *songeur, je m'appuie à deux ou trois pins*[7]

Et ils boivent... Sans culpabiliser, nous ne sommes pas en Occident. Li Po boit... Est-ce le temps qui le rend ivre ? Songeant aux existences éphémères... L'existence ? Une expression de l'être parmi tant d'autres ? Si tout est sacré, rien n'est profane. Comment pourrait-il y avoir profanation ?

Et Claude Roy a très bien compris que « le poète recherche dans le vin beaucoup plus que le vin », une complétude qui passe par le sentiment... « Je sais bien que l'ivresse des poètes et des mystiques — et presque tous les poètes de la Chine classique sont à la fois poètes et un peu mystiques — est souvent une ivresse métaphysique, une griserie spirituelle[8]. »

He (boire) se dit aussi pour « hurler », « effrayer ». *He tsui* signifie « s'enivrer » mais aussi « être fou de » *(tsui)*. Pour Li Po, ne serait-ce pas du Tao ? *Tsui hsin* est l'enivrement au figuré *(hsin :* le cœur)... Folie du cœur, passion divine. Fou est le saoul.

John Blofeld rapporte[9] l'anecdote de Confucius qui rencontre Lao Tzu levant le coude dans un débit de vin... Et face au moraliste outré, Lao Tzu réplique :

« Boire le Tao est une occupation qui sied à un taoïste. »

Dans son chapitre « Comprendre la vie », Chuang Tzu prend l'exemple de l'âme chez l'ivrogne. Elle « reste intacte de par l'ivresse »... Aussi n'est-il pas tué en tombant : « La surprise, la crainte de la mort et de la vie ne pénètrent pas en lui, et il choit durement sans en éprouver la moindre frayeur [10]. » Le vin lui sauve la vie... Les boissons alcoolisées ne sont-elles pas des « extraits de vie » ? Alors l'on peut comprendre que « l'ivresse fait approcher de la sainteté, car, comme la danse, elle prépare à l'extase [11] ».

C'est en marchant que la Voie se trace, bien que « l'apparition du Tao ne laisse pas de traces » comme disait encore Chuang Tzu. Li Po est un grand voyageur, tant des routes intérieures qu'extérieures. Il va entre Ciel et Terre et marche à travers les montagnes comme un oiseau file dans les nuages...

Le voyageur *(hsing jen)* marche *(hsing)* et comme cet idéogramme et cette marche l'indiquent, il fait un pas du pied gauche *(ch'ih)* puis un pas du pied droit *(ch'u)*. Ainsi le voyageur fait-il la route. Il fait circuler le vin *(hsing chiu)* ou le Tao *(hsing tao)*... Cette dernière expression désigne la circumambulation bouddhiste autour de la divinité, de gauche à droite (en sanscrit *pra-dakshina* : mouvement par la droite).

Le voyageur marche et cette marche à petits pas représente aussi les cinq Éléments chinois qui « circulent », puisque les Éléments symbolisent toujours la Manifestation. Li Po, autant assoiffé de vie que de vin, est l'éternel voyageur de la Quête. Li Po boit le Tao...

> *Que ne puis-je monter sur un dragon céleste*
> *Pour respirer l'essence du soleil et de la lune*
> *Afin d'être immortel* [12] !

Li Po est attiré par le mystère et le merveilleux. Nombreux sont les poèmes où il est question d'Immortels taoïstes. Si l'homme des montagnes *(shan jen)* est un ermite, un solitaire ou même un devin, l'idéogramme *hsien,* Immortel, représente les deux mêmes signes, mais inversés, comme si l'immortalité résidait dans les montagnes, en l'homme. Entrer en montagne *(ju shan)* désigne la voie de l'ermite qui se recueille en pénétrant dans les montagnes, qui y disparaît comme le soleil qui descend derrière les crêtes, tout comme les bouddhistes entrent dans l'extinction *(ju mieh),* en « nirvâna ».

Le cercle est au Ciel ce qu'est le carré à la Terre. Pour que le carré soit céleste, il faudrait qu'il n'ait pas d'angles comme disait Lao Tzu. Or, les règles confucianistes sont à l'image du carré et la mouvance taoïste est à l'image du cercle. Arriver à concilier harmonieusement l'un et l'autre reviendrait à résoudre la quadrature du cercle... Ce qui n'est pas de l'ordre de l'évidence.

De multiples indices nous montrent la différence non seulement entre les règles de conduite sociale de Confucius et l'attitude d'un Chuang Tzu, mais aussi entre cette démarche taoïste pour laquelle le détachement est naturel et la conduite bouddhiste pour laquelle le renoncement est souvent motivé par une morale à suivre, des « vœux » à prononcer, un « refuge » où s'abriter et des « mérites » à accumuler. Li Po poussait même le détachement jusqu'à être détaché du détachement...

« La démesure était déjà, pour les paysans comme pour les nobles, la plus grave des fautes morales, le plus grave des crimes contre la religion. " Aimons la joie sans folie : un brave homme est circonspect ! " disait un chant des fêtes rurales de l'automne [13]. » Face à ce refus confucianiste de dépasser les limites, se dressent les silhouettes de divers poètes qui, comme Li Po, tourbillonnent, ivres, dans le vent d'automne :

> *je suis ivre, le vent emporte mon bonnet*
> *heureux, je m'attache à danser avec la lune* [14]

Li Po nous montre ainsi que l' « invariable milieu » prôné par les confucianistes ne se situe pas entre les extrêmes, dans une sorte de plate modération, de nivellement des valeurs neutralisant tout sentiment, mais au contraire, le sens de la démesure de Li Po lui fait entrevoir un juste milieu au centre même de chaque instant vécu intensément. Un milieu invariable dans sa mouvance, à l'image des changements qui expriment l'immuable du *I Ching,* Livre des Transmutations, ou encore du désordre apparent de la nature qui exprime en fait l'ordre profond des choses.

Au début de ce VIIIe siècle, les Arabes abordent Canton. Les grands transporteurs de l'occulte et de la divination, de l'alchimie à la géomancie, rencontrent leurs homologues chinois. Les deux principes (soufre et mercure) de l'alchimie occidentale prennent contact avec les cinq métaux chinois. Les Sages s'accordent : « Seul t'appartient l'instant dans lequel tu es » *(lika essaà ellati enta fiha).* Et les dix mille êtres s'éclipsent dans le vide...

À partir de la dynastie des T'ang, *Sheng* (Sage) désigne l'Empereur qui commence alors à s'appeler *Li,* du nom de famille de Lao Tzu dont l'anniversaire de naissance devient une fête officielle. Ce titre de *Sheng* est néanmoins peu élevé, si l'on peut dire, dans les hiérarchies tardives du taoïsme. Il correspond à la Vertu et l'Intelligence lui est supérieure : *Chih,* l'Homme Accompli. Le sommet est *Chen,* l'Homme Véritable qui réalise le Réel.

D'ailleurs, dans le taoïsme dit « religieux », toute une hiérarchie de la prêtrise soutient la lignée des « papes » taoïstes, souverains pontifes qui se succèdent (par « réincarnation » comme les *tulku* au Tibet) depuis Chang Tao Ling et que l'on nomme « Maîtres célestes » *(T'ien shih :* Messager céleste)[15].

L'Empereur Hsüan Tsung, que connaît bien Li Po, ne confère-t-il pas la qualification de *T'ien shih?* Les cultes du Grand Un *(t'ai i),* à l'origine du Ciel et de la Terre, qui s'étaient développés sous les Han peu avant notre ère, avaient été peu à peu oubliés... « Mais Ming-hoang des Tang, plein de confiance dans la parole des

Li Po fou en Tao ?

enchanteurs, sacrifia aux neuf Kongs ou palais célestes de constellations et à leurs esprits, dont le T'ai Yi était le premier [16]. »

Sous l'influence bouddhiste la « religion » taoïste adopte les « Rois célestes » ou « Vénérables célestes », instructeurs et sauveurs taoïstes s'inspirant des Bouddhas et Bodhisattva. De même, les prêtres taoïstes commencent à s'imposer le célibat. Mais c'est la « Doctrine des lettrés », le confucianisme, qui peu à peu affirme son renouveau. Ainsi y a-t-il des éditions officielles des grands classiques et de leurs commentaires. « Ce n'est pas une théorie nouvelle qu'apporta l'école des Tang ; c'est une " somme " de tout le travail antérieur, somme raisonnée et raisonnable, qui remettait une fois de plus de l'ordre dans la Doctrine des lettrés et établissait l'unité dans les esprits comme il venait d'être rétabli matériellement dans l'Empire [17]. »

Diverses sectes bouddhistes sont alors populaires, en particulier celle de la « Terre Pure » (culte d'Amitâbha), bouddhisme de la foi et du salut qui voit le monde comme une terre pure *(ch'ing t'u)*, le paradis d'Amitâbha dont le nom devait être répété à satiété par l'amidiste Tzu Min (680-748). On se doute bien que ce n'était guère le genre de Li Po d'imiter et de répéter...

Une autre secte bien connue est celle du *T'ien T'ai*, l'école du Lotus *(fa hua)*, dont le livre sacré est le *Sutra du Lotus de la Bonne Loi ;* les peintres T'ang s'inspiraient de cette école. Dans un poème, « Adieu au mont de la Mère céleste après une excursion en rêve [18] », Li Po indique par les mots « Terrasse céleste » le nom du mont du Chechiang où fut fondée la secte *T'ien T'ai* par Chih I (538-597). On prétendait que cette montagne était habitée par des divinités taoïstes...

L'école *Hua Yen* fondée par Fa Tsang (643-712) soutient l'interdépendance des *dharma* et le tantrisme bouddhiste (de la Main Droite) d'Amoghavajra a aussi sa place, mais c'est surtout la voie du *Ch'an* qui est la plus proche de la nature d'un Li Po.

Le *Ch'an,* enseignement muet, ne pouvait que pénétrer dans un pays où l'un des maîtres taoïstes, Chuang Tzu, écrivait au début de son cinquième chapitre qu'un certain Wang T'ai avait « une manière d'enseigner sans paroles [19] » ayant impressionné Confucius. Ainsi comprenons-nous que « les véritables héritiers de la pensée et de l'esprit de Tchouang Tseu sont les bouddhistes Zen chinois de l'époque T'ang (VIIe-Xe siècle après J.-C.) [20] ». Et Alan Watts de renchérir : « Car si le terme " Zen " est d'origine japonaise et si le Japon est aujourd'hui sa terre d'élection, le bouddhisme Zen n'en demeure pas moins une création de la dynastie chinoise T'ang [21]. »

Que l'on ne dise pas que la métaphysique nous écarte de la poésie alors qu'elle en est la moelle. « Il n'est sans doute pas de culture où philosophie et poésie aient été liées plus étroitement qu'en Chine, où l'esprit de système et d'abstraction a toujours été proscrit au bénéfice de l'intuition concrète [22]. » En réalisant la connexion entre l'inspiration poétique et l'intuition spirituelle du *Ch'an* s'entend l'« enseignement sans paroles », comme disait le taoïste Lao Tzu en son quarante-troisième chapitre.

Dès la fin du VIIIe siècle, Tai Chou-louen écrivait que « la pensée poétique donnait accès à la porte du Tch'an », et pour des poètes comme Ts'ien K'i et Mong Kiao, la poésie allait de pair avec la religion, toutes deux conçues du reste en termes naturistes :

La pensée poétique se trouve parmi les bambous ;
L'esprit religieux naît au-dessous des pins [23].

Donc le *Ch'an* florissait et le Sens se transmettait sans qu'il y ait rien de transmis. L'introducteur *Ch'an* Bodhidharma (V^e-VIe siècle) pour les anciens Chinois était *P'u t'i ta mo,* autrement dit celui qui s'est frotté *(mo)* et a pénétré *(ta)* l'Éveil *(p'u t'i* : le figuier d'Illumination, tiré de bas en haut comme soulevé, hissé...). *Ch'an* signifie méditation ou contemplation *(dhyâna* en sanscrit) et la position assise *tso* [24] — *zazen* en japonais — est encore pour beaucoup de moines la pratique fondamentale, pourtant remise en question par Hui Neng et de nombreux maîtres *Ch'an*.

L'Éveil ne peut être obtenu intentionnellement comme récompense méritée ou objectif atteint. La non-intention se manifeste par l'absence de pratique mais aussi par la vigilance de tous les instants, que l'adepte soit debout, assis ou couché. Cette attention s'exprime dans l'agir du non-agir, comme disaient les taoïstes. « Il n'y a pas de fondement à l'origine de l'éveil[25]. »

Le maître Huai Jang (677-744), à l'époque de Li Po, transmit la Connaissance à Matsu (709-788) en polissant une brique devant lui. Étonnement du jeune Matsu qui pratiquait alors ardemment la position assise. Huai Jang répondit à son interrogation : « Je polis cette tuile pour en faire un miroir tout comme tu cherches à devenir Bouddha par la position assise. Être assis en Bouddha, c'est le tuer. S'attacher à une position assise, c'est oublier l'essentiel. »

Car la Réalisation *Ch'an* n'est pas plus tributaire d'une position que d'un autre phénomène. Elle se manifeste par l'Éveil, l'Illumination, le *satori* (en japonais), le *wu* qui signifie en chinois l'éclairement par la prise de conscience ou encore le *chüeh,* l'Éveil à la Réalité absolue[26].

Bien que l'Empereur Hsüan Tsung veille à équilibrer les trois grands courants de Sagesse (confucianisme-taoïsme-bouddhisme...)[27], il semble préférer le taoïsme, s'entourant de maîtres comme Szu Ma Ch'eng à propos duquel il écrit lui-même deux poèmes (conservés dans le *Recueil des poésies de la dynastie des T'ang*).

En 735, Hsüan Tsung rédige[28] un commentaire au *Livre de Lao Tzu.* Auparavant n'avait-il pas ordonné que chaque famille possède et conserve un exemplaire du *Tao Te Ching ?...* En 740, Lao Tzu apparaît en rêve à l'Empereur, lui déconseillant de partir vers le nord. L'Empereur renonce à ce projet. Bien lui en prit car une violente tempête ravagea alors cette contrée.

Plus tard, Lao Tzu lui réapparaît en lui signalant que sa statue se trouve enterrée dans un certain lieu au sud-ouest de la capitale. Effectivement, on découvrit cette statue à l'endroit indiqué... En 754, l'Empereur donne à Lao Tzu le titre de « Grand Auguste Empereur Suprême de l'Origine Mystérieuse en son Palais d'Or et de la Grande Voie Supérieure, Ancêtre de Grande Sainteté »... Ce fut le plus grand titre conféré au vieux Sage, les souverains suivants s'étant plutôt « intéressés aux pilules de longue vie que leur préparaient les magiciens taoïstes et qui, bien souvent, menèrent ainsi les empereurs au tombeau [29] ».

En cherchant en vain un bonze des montagnes [30], Li Po se retrouve seul dans un monastère *Ch'an*. Il soupire, hésite à partir. Si le maître avait été là, aurait-il proposé un *kôan,* une question à résoudre qui ouvre sur l'Éveil ? Le *kôan* Zen en Chine était appelé *i ch'ing,* c'est-à-dire « vrai doute ». C'est en soupçonnant *(i)* la « réalité » des « sentiments » *(ch'ing)* du monde que l'Adepte *Ch'an* parle et que le non-sens du *kôan* découvre le vrai Sens...

Tout comme dans le bouddhisme *Ch'an* nous pouvons différencier la voie graduelle et progressive de la voie directe et spontanée, dans le taoïsme nous pouvons discerner une voie graduelle et duelle [31], celle des prêtres ritualistes ou même des alchimistes utilisant des techniques et des adjuvants visant à l'immortalité physique, et une voie directe, non duelle, celle des « anciens » taoïstes, Lao Tzu, Chuang Tzu... qui vont au-delà des formes.

Le plein vient du vide mais une fois le plein retiré, il ne reste pas le vide mais le rien du vide. Le vide, lui, est à l'origine du plein comme du rien. Le retour à ce vide ne se fait pas par le retiré du plein mais par la réalisation de la vacuité qui est l'essence même du vide. L'unité n'est pas ce qui reste après avoir retiré les nombres et les chiffres mais ce qui les a fait naître, tout comme la mort n'est pas ce qui reste après avoir retiré la vie, ni la vie, ce qui reste après avoir éliminé la mort, mais c'est plutôt ce qui ne meurt pas qui a donné la possibilité de mort et de vie. Le retour à cette source correspond bien à la quête d'Immortalité si mal comprise.

Le Sage « Immortel » n'est-il pas « délivré du cadavre » *(shih chieh)* au point de monter au ciel en plein jour ? Avide de merveilleux, Li Po est tout prêt à « cracher le vieux et aspirer le neuf » *(t'u ku na hsin)* (en parlant du Souffle selon certaines méthodes d'alchimie intérieure), mais son sens de la liberté le dégage d'une persévérance besogneuse, il préfère connaître sans savoir, comprendre sans apprendre... « Qui connaît n'est pas érudit. Qui est érudit ne connaît pas » *(chih che pu po, po che pu chih)*, écrivait Lao Tzu en son dernier chapitre...

« En face du vin [32] », Li Po cite Sung Tzu, bouddhiste considéré comme « Immortel » après son suicide par le feu, et An Chi, « Immortel » dans ce corps même *(jivan-mukta,* dit-on en Inde à propos des Sages réalisant l'Éveil dans leur existence... « délivré-vivant »). À la même époque que Li Po, Ch'ang Chien [33] est un poète taoïste qui, après avoir été lettré, se retira dans l'isolement... « entré en Tao », comme diront certains commentateurs.

Face à nos « gratte-ciel », les taoïstes connaissent les « grotte-ciel » *(tung t'ien)*, des Terres de Félicité *(tung t'ien fu ti),* lieu de séjour des Immortels... « Le Tao et le Tch'an ont ceci de commun qu'ils demandent à l'homme de se recueillir et de s'abandonner, de vivre non seulement *dans* la nature, mais encore *avec* la nature, d'en retrouver le rythme et d'en suivre l'impulsion [34]. »

Dans les poèmes de Li Po reviennent sans cesse la lune et le vin, le fleuve et la montagne...

Très souvent se retrouve sous la plume, ou plutôt le pinceau, de Li Po : l'ivresse au clair de lune. La lune est « un des symboles fondamentaux des poètes chinois classiques, dont la sensibilité est essentiellement " nocturne " [35] ».

Un des meilleurs connaisseurs de la Chine ésotérique, Pierre Grison, écrit : « Dans le taoïsme, la *vertu du vin* ne se distingue pas du pouvoir de l'ivresse [36]. » Or, dit le même auteur, « l'ivresse, étant liée à la fécondité, aux moissons, à la richesse des récoltes, relève des phénomènes lunaires [37] ».

Nous comprenons mieux alors la coïncidence poétique entre la lune et le vin... L'ivresse est l'inter-signe qui signale la rencontre de ces deux symboles aquatiques : celui de la croissance, de la « connaissance indirecte [38] » par reflet (la lune) et celui de la « connaissance initiatique » (le vin).

C'est ainsi que dans le cas de Li Po, ivre, mort en voulant embrasser la lune qui se reflète dans l'eau, le poète tente d'étreindre le *Yin,* réceptif lunaire, après avoir goûté au vin, « breuvage de vie ou d'immortalité ». La légende ajoute d'ailleurs que le poète est ravi aux cieux chez les Immortels. Ainsi se confondent la vie et la mort dans la joie offerte par l'ivresse. Et la lune réapparaîtra aussi souvent que les poèmes de Li Po envolé...

Quant aux fleuves, aux rivières, ils symbolisent l'écoulement des existences éphémères. C'est ainsi que les eaux courantes sont souvent liées à l'inspiration du poète chinois qui songe auprès du fleuve — et du dieu qu'il représente — à cette vie précaire, périssable et à l'oubli que procure le vin...

Du fleuve *(Yin)* passons à la montagne *(Yang)* qui est le lieu privilégié des « Immortels » en Chine... « Rencontre du Ciel et de la Terre », la montagne est le lieu de « séjour des dieux et son ascension est figurée comme une élévation vers le Ciel, comme le moyen d'entrer en rapport avec la Divinité, comme un retour au Principe [39] ».

C'est ainsi que « la montagne est le refuge des taoïstes : sortant du monde, ils *entrent en montagne* (Demiéville), ce qui est un moyen de s'identifier à la voie céleste *(T'ien-Tao).* Les *Hsien* Immortels taoïstes) sont littéralement des *hommes de la montagne* [40] ».

Li Po fou en Tao?

Effectivement, l'idéogramme *Hsien* possède un radical *jen* (homme), joint au caractère *shan* (montagne).

La lune, le vin, la rivière, la montagne... C'est le voyage reliant tous ces éléments qui forment comme un leitmotiv chez Li Po. Voyage où la quête de l'ermite s'accompagne de l'amitié qu'il lui porte, voyage intérieur, bien sûr, puisque essentiel, mais voyage non épargné par les difficultés ou déceptions extérieures : l'ermite n'est pas dans sa cabane... Tristesse et soupirs. Tout Li Po est là : il ne prétend pas à une sagesse coupée de tout sentiment. À l'écoute de la nature, de *sa* nature, il éprouve la vie dans son impermanence même.

On pourrait croire avec les non-dualistes dogmatiques que la dualité n'existe pas et qu'il n'y a qu'unité. C'est vrai, mais le contraire l'est tout autant : l'unité n'existe pas, c'est la dualité qui la manifeste, l'unité étant la raison d'être de la dualité.

Li Po dédie ou chante ses poèmes à Yuan Tan Chiu qui vit dans la montagne Sung pratiquant l' « art d'immortalité », ou encore il brandit une coupe de vin en apostrophant le taoïste [41]. Peut-on parler de l'engouement de Li Po face aux Immortels ? Cette vue est tout à la fois poétique et taoïste... Mais d'un taoïsme tardif et naïf. N'est-ce pas le sens du merveilleux de Li Po qui s'exprime spontanément? « Li était si pénétré de taoïsme que quantité de ses poèmes sont comme de ravissants ornements autour des sermons de la Voie [42]. »

Certains monastères rétribuaient Li Po pour composer diverses inscriptions, pour la consécration d'une cloche ou pour un moine défunt par exemple. Il connaît les mythes. « La voiture aux cinq nuages » (de cinq couleurs), n'est-ce pas le char de nuages transportant les Immortels au Ciel [43] ? Et les Trente-Six Seigneurs du Ciel ne sont-ils pas les trente-six empereurs ayant découvert le secret de l'Immortalité [44] ? Et toujours le fameux « Empereur jaune » (Huang Ti), souverain mythique, ancêtre du taoïsme et de l'alchimie qui gouverna le monde en parvenant à « ramener à l'un les cœurs de ses sujets[45] »...

Li Po aurait retranscrit le *Tao Te Ching* sur un rouleau de soie[46]. Il essaie de « s'accorder au Tao[47] » sans pour autant le « posséder » (qui possède est possédé !), comme traduit Liou Kia Hway : *Tao ts'un*[48] signifie en fait conserver le Tao (dans le sens de « garder l'Un »). D'ailleurs, le même traducteur n'écrit-il pas plus loin : « Le Tao ne peut être obtenu[49] » ?

Il nous reste à observer comment l'esprit de liberté taoïste se manifeste dans le monde phénoménal. Ce poème anonyme d'il y a trois ou quatre millénaires n'est-il pas révélateur ?

> *Je travaille quand le soleil se lève,*
> *Je me repose quand il se couche.*
> *Pour boire je creuse mon puits,*
> *Pour manger je laboure mon champ,*
> *Que m'importe la puissance de l'Empereur ?*

(La chanson du *jang*)[50]

Taoïste avant la lettre, Wu Kuang aurait vécu vers le XVIIIe siècle avant notre ère. Le Roi lui ayant offert son trône, l'ermite refusa et préféra se jeter dans une rivière[51]... L'ermite s'écarte des affaires du monde et ne reconnaît aucune autorité. Il voit l'essentiel non seulement par-delà le bord du ciel *(t'ien ya)*, c'est-à-dire l'horizon, le bout du monde, mais aussi il dévoile tous les pouvoirs illusoires en deçà. Ce qui rappelle Lao Tzu : « Abandonne habileté et profit, il n'y aura plus voleurs et brigands... » (chap. XIX).

Écho que l'on retrouve dans les conceptions anarchisantes de Chuang Tzu bien exposées dans le dixième chapitre de son œuvre : « Renversez les saints et libérez les bandits, le monde entier retrouvera l'ordre. [...] Anéantissez la sainteté et rejetez la prudence, il n'y aura plus de grands voleurs. Jeter les jades et détruisez les perles, il n'y aura plus de petits voleurs. Brûlez les

Li Po fou en Tao ?

contrats et cassez les sceaux, le peuple redeviendra simple et fruste. Fendez le boisseau et brisez la balance, les gens ne se disputeront plus. Abolissez les institutions des saints rois, le peuple deviendra raisonnable [52]. »

Tout cela parce que « les excès de l'intelligence et de l'action ont perturbé le monde » comme le dit bien la dernière phrase de ce chapitre de l'œuvre de Chuang Tzu avant d'ajouter au début du chapitre suivant où cette sorte d'individualisme libertaire se précise : « Si chacun ne s'écarte pas de sa nature et conserve intacte sa vertu, est-il besoin d'un gouvernement ? »

Plus tard le poète chinois Han Shan (VIIe siècle), libre et hilare, encourage à fuir plutôt qu'à servir [53] à l'instar de Chuang Tzu qui refusa l'argent et le poste de Premier ministre du roi Hsiang de Ch'u [54]...

Inversement, un certain nombre de lettrés et dignitaires occupant des postes importants dans le gouvernement pouvaient se rendre compte d'où soufflait la liberté, comme le grand poète Tao Yüan Ming (ou T'ao Ch'ien), sous-préfet durant quatre-vingts jours. Ce buveur réputé refusa de s'incliner devant un supérieur, refusa de servir l'État, et démissionna. « Durant le court laps de temps pendant lequel il occupa la position de gouverneur d'un district, il ordonna que toutes les terres publiques soient plantées de céréales destinées à faire de l'alcool, puis il s'en retourna dans sa maion de campagne en expliquant les raisons de son départ dans son célèbre poème " Sur le chemin du retour ". Là, quand il avait de l'arak, il buvait jusqu'à l'ivresse, seul ou en compagnie de ses amis. Il laissait à sa famille le soin de sa demeure ; la poésie l'accaparait tout entier. Il ne savait pas jouer de la musique mais il conservait un luth sans corde car ce qui l'intéressait c'était le sens de la musique et non des notes sur des cordes [55]. »

J'ai bâti ma maison parmi les humains
Mais nul bruit de cheval ou de voiture ne m'importune.

— *Comment cela se peut-il ?*
— *À cœur distant, tout lieu est retraite.*
Je cueille des chrysanthèmes sous la haie de l'Est,
Je contemple paisiblement la Montagne du Sud.
Le soir, l'air des cimes est doux,
Un à un les oiseaux y retournent.
Là est la vie véritable,
Ineffable.

(En buvant)[56]

Un autre poète, T'ao Hung Ching (452-536), démissionna de ses fonctions de précepteur des princes impériaux pour se retirer dans la montagne. À l'Empereur Wu des Liang, qui vient le consulter, il répondit :

Ce qu'il y a dans la montagne ?
  Sur les cols des nuages blancs...
Je ne puis qu'en jouir tout seul,
  Et ne saurais vous les donner[57].

Revenons à Li Po. John Blofeld rapporte l'anecdote selon laquelle « un jour, un messager se présenta en son lieu d'exil pour lui annoncer qu'étant rentré en faveur auprès de l'Empereur, celui-ci lui demandait de revenir en hâte à son palais. Or, au soldat habillé avec élégance et sentant bon le parfum, déjà découragé par son voyage en une contrée aussi sauvage, le poète répondit qu'il ne l'entendait pas ainsi.

" Comment ! " s'exclama le courtisan abasourdi, le coin des lèvres retroussé alors qu'il examinait le taudis de l'exilé : " Qu'est-ce donc qui vous retient dans une cabane aussi sordide[58] ? " » Et Li Po lui répond par le poème « Question et réponse dans la montagne[59] ».

Quand Li Po, à vingt ans, vivait auprès de l'ermite Tun Yen Tzu, le maître du Pic de l'Est, et qu'ils apprivoisaient les oiseaux, un haut fonctionnaire était venu pour les entraîner dans les affaires du monde... Et les anachorètes taoïstes refusèrent, tout comme Chuang Tzu, leur illustre prédécesseur[60]...

Comme il le rappelle dans sa lettre à Yuan Tan Chin,

Li Po fou en Tao ?

Li Po méprise les dignitaires et admire ceux qui ne servent pas leur prince[61]. Mais son esprit anti-autoritaire est dégagé de tout principe, même de celui de ne pas en avoir. Li Po est un esprit suffisamment libre pour ne pas avoir de règles auxquelles se plier. Libéré même de la liberté, en 742 il accepte d'aller auprès de l'Empereur... « Je ne suis pas seulement un homme des herbes sauvages », écrit-il dans un poème. Cette liberté dans la contradiction peut se retrouver aussi chez cette fine lame lorsqu'il proclame : « La guerre est haïssable[62] ! » Li Po demeure seul, fier et libre :

Comment pourrais-je baisser les sourcils, fléchir les reins pour servir les puissants,
S'il faut ainsi empêcher mon cœur et mon visage de s'épanouir[63] ?

Li Po n'est pas de ceux qui s'améliorent petit à petit, grâce à l'enseignement persévérant d'un maître en politique ou en religion. Il perd au contraire très vite ce qu'il a retenu, car il sait bien qu'à celui qui ne s'astreint pas à choisir une pratique, la Réalité peut se révéler fortuitement. Tout n'est-il pas question de métamorphoses comme l'exprime Li Po à propos de l'anecdote de Chuang Tzu rêvant qu'il est papillon puis se réveillant sans savoir s'il est Chuang Tzu rêvant qu'il était un papillon ou un papillon rêvant qu'il était Chuang Tzu[64]...

Voyons de plus près cette transformation des êtres. L'observation finale de Chuang Tzu peut contredire le sens profond suivant la façon de la traduire[65]. Liou Kia Hway affirme : « Entre lui et le papillon il y avait une différence. C'est là ce qu'on appelle le changement des êtres. » La dernière phrase est juste, mais l'avant-dernière pose problème : si Chuang Tzu ne sait plus s'il est un homme ou un papillon, il n'y a donc pas de différence entre lui et le papillon... Suivant le sens taoïste, et le sens ésotérique en général, de la partie contenant la totalité il n'y a pas de différence foncière ici entre Chuang Tzu et le papillon. Il n'y a pas de séparation, de division *(fen)* entre eux.

Dans l'identité suprême les distinctions se fondent dans la globalité des êtres et les changements apparents font partie de l'unité profonde. Un autre traducteur, le père Wieger, préfère à juste raison interrogation ($i = ?$) et il écrit : « Dans mon cas, y a-t-il deux individus réels ? Y a-t-il eu transformation réelle d'un individu en un autre ? » Comme à son habitude ce traducteur paraphrase, mais néanmoins respecte le sens... Au plus près du texte on lirait : « Dans ce cas y a-t-il eu nécessairement différenciation ? Ainsi cela signifie la transformation des êtres. » Les êtres et les choses se dissolvent *(hua)* dans le va-et-vient continuel évoqué dans le poème de Li Po sur Chuang Tzu. « Il y a donc au cœur du poème de Li Po, implicite, toute une conception de la vie, de la sagesse contemplative du taoïsme, du renoncement et du non-vouloir qui, seuls, d'après Lao tzeu et Tchouang tseu, peuvent conduire l'homme à l'immortalité réelle et à échapper à la prison du temps [66]. »

Écoutez l'hôte de la montagne... De la montagne qui transforme les bruits de la terre en sons célestes. L'hôte de la montagne est ivre de bière et de vin, d'herbe et de rosée... Buvez, et le monde se rétrécit ! Fumez, et le ciel s'agrandit !

Au pied de la montagne est la base du nez. Au sommet des pics est le haut du cœur. Le Fleuve y déverse ses astres tandis que nous causons chanvre et mûrier... Bandits ou solitaires, Immortels ou esprits, n'essayez pas de savoir ce qu'il y a dans la montagne ! Car il y a « il n'y a pas » ! Et tous ces versants qui éclairent ou obscurcissent la vision...

Li Po fou en Tao ? « Riant devant Confucius » dans son « Chant du Lu shan [67] »... Li Po écrit qu'il est le « fou » du pays de Shu, le fou « en harmonie avec le Tao ». Au-delà du neuvième ciel, il s'ébat dans l'azur... Ici présent.

3

LA PAROLE POÉTIQUE CHINOISE

L'idéogramme *shih* (poésie, en chinois) est composé du radical *yen* (parole) et de *szu* (temple), comme si la clé de la Parole ouvrait la porte du Temple...

La « parole » (*yen*) : « le son du cœur, dit la Glose », constate Léon Wieger qui remarque par ailleurs une forme très ancienne de *hsin* (foi, confiance, sincérité...) où les signes du cœur (autre *hsin* signifiant cœur, esprit...) et de la parole sont joints : « paroles sorties du cœur, allant au cœur[1] »... Tel était par exemple le « Hsin Hsin Ming » (Inscrit sur l'Esprit Sincère ou encore Gravé au Cœur de la Foi), poème métaphysique *Ch'an*.

La langue chinoise n'est pas un code relationnel banal comme la plupart des autres langages. Tout comme le sanscrit ou l'hébreu, il s'agit d'une langue sacrée, d'une « révélation supranaturelle », et « le jour où Ts'ang Chieh, s'inspirant des figures divinatoires, traça les premiers signes écrits, Ciel et Terre tremblèrent, dieux et démons pleurèrent[2] ». Au temps de Huang Ti, le mythique Empereur Jaune, Ts'ang Chieh s'inspira des traces d'oiseaux et « créa les antiques écritures *(kou wen)*. Ce furent alors les anciens textes qui remplacèrent les cordes nouées[3] ».

La poésie chinoise est faite de paroles simples contenant un sens profond *(yen chin chih yüan)*... Le poète chinois éprouve des sentiments. Pourtant, il les voile derrière des images, des anecdotes qu'il décrit... Mais à travers ces descriptions fusent les émotions contenues par pudeur. Fusions sans effusions. C'est ce qui fait tout le charme d'un poème sans poésie. L'essentiel inexprimé par le poète est plus suggestif que les précisions du savant ou du prêtre.

L'auteur s'efface... « Selon le mot de Hou Ying-lin, " plus l'idée est superficielle et plus elle est profonde, plus l'expression est familière et plus elle est difficile ". Qui ne penserait aux paradoxes taoïstes : se dissimuler pour mieux paraître, dire l'inutile et taire l'important, s'arrêter avant d'achever, se détourner du but à atteindre [4] ? »

La fraîcheur et la légèreté du poème chinois ne touchent pas toujours les lecteurs ni même les poètes occidentaux aux prises avec leur langue sinon parfois empêtrés dans leurs exercices de style, qu'ils soient classiques ou modernes [5]. A propos de la langue chinoise, Henri Michaux signalait « son peu de syntaxe qui laisse à deviner, à recréer, qui laisse place à la poésie [6] ». L'idéogramme « réanime l'objet par le mot », il ouvre de nombreuses portes et offre toutes sortes de possibilités de traduction... Comme le dit si bien Michaux, il « laisse à deviner ».

L'essence même, la saveur d'une langue, précède la grammaire. « La langue chinoise ignore naturellement la grammaire. Ce n'est que récemment que des étrangers, Européens et Japonais, ont commencé à torturer ce discours vivant pour le faire entrer dans le lit de leurs définitions. Nous importons dans notre lecture du chinois toute la faiblesse de notre formalisme. Le dommage est particulièrement important pour la poésie, car la seule nécessité, même pour notre poésie, c'est la sauvegarde de la souplesse des mots et de la sève naturelle qui est en eux [7]. »

Ezra Pound avait compris que le chinois « *signifie* la chose ou l'action ou la situation, ou une qualité qui se rapporte à ces choses qu'il représente [8] » et l'on saisit pourquoi il est écrit au dos des *Cantos pisans* cités que le poète « fut le seul à avoir vécu le fait que le chinois n'est pas une affaire de sinologue ».

Si la poésie occidentale expose des états d'âme, la poésie orientale ne suggère ces états qu'à travers des images où la nature joue un grand rôle. « Si j'obéis à la nature, qu'aurai-je à craindre ? » écrit Wang Chi (VIIe siècle) qui laisse tomber ses fonctions à la Bibliothèque impériale pour aller vivre à la campagne [9].

Les poètes occidentaux contemporains seront sans doute surpris en découvrant dans la poésie d'Extrême-Orient l'importante présence de la nature, en une époque où, il est vrai, elle n'était guère violée. Aujourd'hui, l'homme s'est coupé du Ciel et de la Terre et sa nature propre ne correspond plus à la nature au sein de laquelle il vit. Pis, cela lui est égal. Face à la nature polluée par les technologies, instruments des technocraties mises en place par des humains de type matérialiste et utilitaire, l'homme moderne s'avère battu-cocu-content... Et il ne reste plus aux poètes qu'à laisser s'écouler la plaie de leurs états d'âme, de leurs difficultés d'être.

Rien de tel dans la poésie d'Extrême-Orient où les sentiments du poète sont entrevus derrière les observations extérieures, où la nature contemplée vibre au même diapason que les relations entre les êtres qui relient Ciel et Terre. A l'image de la rencontre *(ying)*, ce genre poétique puise son inspiration dans le choc soudain de celui qui découvre une nouvelle facette de la nature. Ainsi accueille-t-il *(ying)* une telle rencontre fortuite comme d'autres accueillent et fêtent la nouvelle saison ou la nouvelle année. Car c'est un nouvel homme qui se révèle dans l'avènement d'une parole dégagée de sa charge.

C'est une évidence que d'observer la simplicité et la spontanéité inhérentes à la poésie chinoise. C'est même cette « trop » grande simplicité qui peut étonner ou gêner le « lettré » moderne. Le naturel s'efface et s'oublie au contact de l'artifice... Et que l'on ne vienne pas nous chicaner sur le terme de « naturel » !

Par sa symbolique en mouvement, le langage pictographique et idéographique chinois assure par ses transformations mêmes l'immuable de ce qui ne change pas tout en permettant le changement. Autrement dit, « les transformations des êtres » peuvent révéler leur origine : Non-Être.

Ainsi, dans les apparentes descriptions banales joue souvent un second sens voulu par le poète, et l'espace qui relie les deux sens est celui de la libération des formes. C'est le souffle de l'entre-mots, de l'entre-cieux évoqué par Lao Tzu en son cinquième chapitre : « L'espace est un soufflet vide mais inépuisable. Plus on l'anime plus il respire mais plus on en parle moins on l'aspire... »

La poésie chinoise est cette « Muse bien réglée, au langage simple et imagé [10] », taquinée dans les cinquante mille poèmes qui composent l'anthologie poétique de la dynastie T'ang parue au XVIIIe siècle. Observons à présent les différentes structures des poèmes chinois...

Le distique en est l'élément de base. « Dans beaucoup de cas, les deux vers constituant celui-ci sont parallèles, c'est-à-dire que les sons, les images évoquées, les graphies se répondent ou s'opposent [11]. » Les anciens poèmes comptaient généralement quatre pieds puis les vers de cinq pieds prévalurent, enfin se répandirent les poèmes de sept pieds avec césure (4 + 3) rythmant la mesure.

Sous les T'ang, la rime se perfectionna. La simple consonance ne suffit plus à la rime et le ton égal ou modulé devint nécessaire. Il n'y eut plus de rime qu'un vers sur deux (le second de chaque distique), mais dans le premier et le troisième vers d'un quatrain, par exemple, le ton du dernier mot devait être en opposition de ton (égal ou modulé) avec celui de la rime. De même, les pieds du premier vers étaient en opposition avec les pieds correspondant au second vers.

Mais comme le remarque Hervey-Saint-Denys :

La parole poétique chinoise

« Plus de la moitié des compositions de Li-taï-pé sont en vers irréguliers, dits à la manière antique, où le poète n'a d'autre règle que sa fantaisie pour l'arrangement des rimes, aussi bien que pour la mesure et la longueur des vers [12]. » Distinguons maintenant les différentes sortes de poèmes :

1) Le poème à l'ancienne *(ku t'i shih)*

Dans ce style de poésie, aucune règle ne contraint le poète qui s'exprime suivant une orientation savante *(ku feng)* ou populaire *(yüeh fu)*. Cette liberté provoque une rupture du cadre poétique coercitif — des poètes comme Li Po ou même Tu Fu y excellèrent.

2) Le poème moderne *(chin t'i shih)*

a) Le quatrain *(chueh chü)* est une des formes poétiques chinoises les plus antiques, mais il fut vite considéré comme sorte de huitain coupé en deux.

b) Le huitain *(lü shih)*, formé de deux quatrains, de quatre distiques. Les deuxième et troisième distiques sont des « vers parallèles » composés d'images symétriques. Les mots « pleins » (concrets) et « vides » (abstraits) ne doivent pas être mis en parallèle. Le vers est composé de cinq (avec césure après la deuxième syllabe) ou de sept (avec césure après la quatrième syllabe) idéogrammes-syllabes (puisque les caractères chinois sont monosyllabiques). Dans la poésie chinoise, seuls riment les vers pairs et, dans les « huitains », la même rime se retrouve à chaque vers « pair ». D'autres règles, en particulier tonales, sont à respecter, mais en observant les caractères chinois l'on s'aperçoit que ces règles n'étaient pas toujours suivies.

c) Les multistrophes *(ch'ang lü* ou *p'ai lü shih)* sont des poèmes de trois strophes de douze vers ou des poèmes de longueur indéterminée mais dont les oppositions tonales sont très prononcées.

3) Le poème chanté *(tz'u)*

Les chants étrangers connaissent un grand succès, il

manquait des paroles pour les chanter en chinois. Ces poèmes, sans titres particuliers, sont dits « à la manière de », c'est-à-dire selon l'air de telle ou telle chanson [13]. Li Po aimait chanter ces nouveaux poèmes bien qu'ils fussent écrits selon des règles très strictes. Ce n'est que dans la seconde moitié du VIIIe siècle (et plus tard sous les Sung) que ce style se développa beaucoup [14].

Nous allons aborder à présent le problème de la traduction en insistant paradoxalement sur l'impossibilité à « rendre » toute poésie étrangère et en particulier chinoise... « Un auteur de la dynastie des Ming remarquait à cet égard que la traduction d'un poème ressemble à l'envers d'un brocart : tous les fils y sont, mais on ne distingue pas la subtilité de la couleur et du dessin [15]. »

En général, les anciens traducteurs (comme par exemple Hervey-Saint-Denys) rajoutaient des termes qui ne se trouvaient pas dans l'original chinois. Voyez les paraphrases de Léon Wieger lorsqu'il traduit les « pères du système taoïste [16] »... Aujourd'hui, ce serait plutôt l'inverse : les idéogrammes ne sont plus tous traduits ! Le résultat est parfois heureux (par exemple avec François Cheng), mais c'est bien peu respecter les signes et donc le sens original. Certains même ne se gênent pas pour mutiler des vers afin de les faire rimer [17]...

Sans jouer les justiciers, il fallait signifier ces pratiques, courantes dans le monde feutré et entendu des sinologues respectables. A mon humble avis, le traducteur n'est pas un créateur qui doit se croire tout permis. Il est d'abord un serviteur déférent et s'il lui arrive de « créer », ce serait plutôt d'une manière imprévisible, non préméditée et toujours dans le respect du texte original, avec lequel il doit coller et s'oublier, dans lequel il doit se fondre. Éprouvant ainsi le sens de l'humilité chinoise. Sans d'ailleurs prétendre à l'infaillibilité, puisque tout le monde s'accorde à trouver le chinois intraduisible...

La parole poétique chinoise

Dans une structure poétique où chaque idéogramme est à sa place suivant le rythme, le son et le sens des paroles, ce serait trahir l'auteur que de retrancher un ou deux idéogrammes sous prétexte que cela rend mieux en français, en profitant du fait que les Français ne connaissent généralement pas le chinois... On ne peut comprimer (ni d'ailleurs allonger) ainsi un poème chinois qui est construit, dans le fond comme dans la forme, suivant un phrasé bien précis. Il faut, bien entendu, éviter la lourdeur, mais pas au détriment de l'original. Il s'agit de ne pas transposer le texte tout en échappant à l'ennui du littéral et de transmettre cette légèreté extrême-orientale dont les langues chantent comme nulle autre au monde...

Il est toujours sympathique et encourageant de se rendre compte qu'un traducteur ne s'accroche pas à sa première traduction. (Voir Hervé Collet pour Li Po et aussi la nouvelle version du *Tao Te Ching* par Liou Kiahway[18].) Peut-être qu'au fond rien ne vaut les poètes pour traduire d'autres poètes. « La poésie est intraduisible, et pourtant, à travers les trahisons et les appauvrissements, les trébuchements et les décolorations, à travers les ruines et les débris qui subsistent seuls lorsqu'on a transvasé le vin du poème de coupe en verre, et de verre en tasse, il reste, fragile et fugitif, précaire et indestructible, le reflet pâli de ce qui fut un poème, et n'en est plus que l'écho atténué, l'allusion d'une allusion[19]. »

Shih hua (le langage poétique) est une expression désignant des études de critique poétique. Nous nous y risquons... Que les commentaires qui suivent ne soient pas pris pour acides ou perfides. Les versions étrangères, y compris bien sûr la nôtre, prouvent que toute traduction tend vers une trahison. Mais n'est-ce pas aussi un pis-aller nécessaire pour mieux connaître l'âme de l'Empire du Milieu ?

Comme l'écrit Jacques Pimpaneau dans son délicieux livret *Le Clodo du Dharma. Vingt-cinq poèmes de Han Shan*[20] : « C'est au lecteur à traduire les poèmes. S'il ne connaît pas le chinois, aucune importance ; en dessous du texte on lui fournit le mot à mot. » Aussi sa présentation est-elle exemplaire.

Explorer les idéogrammes chinois, c'est s'enfoncer progressivement dans une contrée éprouvante mais fascinante, découvrir une image du monde chargée de sens. Aussi ce chapitre et le commentaire qui va suivre ne sont-ils en aucun cas une leçon universitaire, mais plutôt une approche amoureuse d'une langue de signes et d'inter-signes...

Incitant le lecteur au plaisir et à l'étonnement des comparaisons, et aussi aux difficultés de traduction, nous allons prendre un poème bien connu de Li Po dans diverses versions. Il s'agit du « Chant sur le fleuve » où l'on remarquera entre autres les nombreux idéogrammes dont le radical est « eau » *(shui)*... N'est-ce pas la « clé » du fleuve ? Et même celle de Li Po lorsque l'on connaît les circonstances de sa mort ?

Rames de magnolia, bateau de sorbier

Ce premier vers fait référence à l'arbre eupatoire *(mu lan)* : le magnolia (qui se dit aussi *p'o*), bois très dur, comme l'indique le marquis Hervey-Saint-Denys[21], par rapport au sorbier *(sha t'ang)*, qui est un bois très léger. Et Dominique Hoisey[22] précise que le Livre des mers et des montagnes « décrit le *shatang* comme un arbre dont le fruit sans noyau a le goût de prune. Qui en mange ne peut périr noyé ».

Hervé Collet et Cheng Wing Fun[23] précisent que la barque (ou bateau car il contient de nombreux musiciens et courtisanes) est en « bois épicé » *(sha* peut signifier aussi granuleux, rugueux, etc.). Un an et demi plus tard, dans une nouvelle version il s'agit d'une « jonque en poirier sauvage ».

Tandis que la traduction de Charles Deplae[24], qui a consacré tout un livre à ce poème, s'élance dans un lyrisme sans doute superfétatoire : « voguant dans une

La parole poétique chinoise

barque légère en bois de sorbier jaune, poussée par des rames précieuses de magnolia... ». Ne semble-t-il pas avoir été marqué par le « jaune » du sorbier de la barque qui « vogue »... « poussée » par des rames devenues « précieuses » ? Autant de termes rajoutés par le traducteur dont la lecture me paraît inférieure à celle de Claude Roy[25] qui respecte la brièveté de la langue chinoise : « Barques de sorbier, rames de magnolia. » Enfin, dans une traduction récente, celle de Paul Jacob, nous lisons : « Rames de magnolia, jonque en sorbier des sables[26] ! »

Flûtes de jade, flûtes d'or situées aux deux bouts

Ces « deux bouts » ne sont guère heureux, même s'ils retranscrivent le texte chinois. Hervé Collet transpose très bien : « à l'avant, à l'arrière ». Il s'agit bien sûr des deux extrémités du bateau, et Claude Roy se permet de préciser : « Flûte de jade à l'avant, flûte d'or à l'arrière », mais le sens est respecté. Collet et Cheng Wing se rallient à Claude Roy, bien qu'il n'y ait plus trace de flûtes en « or » dans leur première version, alors que dans la seconde se trouvent des « traversières en or ». Pour Paul Jacob, ces flûtes sont très précisément des « syrinx » (il a des lettres) ou flûtes de Pan. Tout cela n'est pas grave ; ce qui est plus amusant c'est qu'Hervey-Saint-Denys spécifie qu'il s'agit de « jeunes musiciennes sur les bancs » *(sic)*. Dommage que le texte original ne suppose rien de la sorte pour assouvir les désirs du Marquis...

Pichets de bon vin placés au centre... mille mesures !

Tsun est un vase que j'ai préféré rendre par « pichet » plutôt que par « amphore » (Deplae), « jarre » (Roy et Collet), « coupes » (Saint-Denys et Hoisey), « pot » (Jacob)... Ce qui n'est qu'un détail. Là où cela se corse, c'est lorsque Claude Roy voit la jarre de vin « pleine à déborder » tandis que Charles Leplae vide les amphores et emplit mille fois les coupes... A ces « coupes mille fois remplies » se rallient Hervey-Saint-Denys et Dominique Hoisey. Pourtant, le texte dit que ces pichets de bon vin sont disposés au centre *(chung chih)* de ce bateau et qu'il s'agit de mille mesures *(ts'ien hu)* sans doute pas « inépuisables » (Paul Jacob).

Transportant des courtisanes, suivre ses penchants au
[gré des flots... partir ou rester

Remarquons tout d'abord que les traducteurs oublient la fin du vers *ch'ü liu*, partir ou rester (ou encore « quitter ou garder »), ce qui est pourtant important... Et voyez « les jeunes femmes » chez Claude Roy, euphémisme gracieux tout comme « Emmener avec soi le plaisir » du charmant Marquis qui ne veut pas oser prononcer le mot de prostituées *(nü)* mais qui reconnaît par ailleurs (p. 336) qu'il paraphrase « pour donner un sens en français »...

Ces chanteuses sont bien des courtisanes que le bateau transporte ou contient *(tsai)* en suivant les vagues *(sui po)*. J'avais écrit d'un premier jet : « s'abandonner au gré des flots » *(sui po jen)*, mais *jen* souligne le fait de vivre ses inclinations et cet « abandon » ne se réfère donc pas uniquement au rythme des vagues mais aussi à celui des courtisanes... Ainsi Li Po se laisse porter par les vagues, par les chants des courtisanes et par ses propres penchants.

Les Immortels ont attendu de monter leurs grues
[jaunes

Pas de difficulté dans ce cinquième vers où les « hommes immortels » *(hsien jen)* ont attendu *(yu tai)* pour chevaucher *(ch'eng)* leurs montures : les grues (Hervey-Saint-Denys préfère d'autres échassiers : les cigognes...) qui sont des symboles de longévité, couleur de la Terre *(huang :* jaune).

Néanmoins, Claude Roy propose une autre version : « Immortel, celui-là l'est devenu qu'emportent les grues jaunes. » Mais peut-on traduire *tai* (attendre, espérer, désirer, accueillir, etc.) par « devenir »?

Pour Hervé Collet et Cheng Wing Fun, l'Immortel doit attendre une grue jaune « pour s'envoler » — cette condition n'est peut-être pas décisive dans la circulation des êtres divins... Quant à Hervey-Saint-Denys il semble faire grand cas de l'auteur attendu par les Immortels : « Les Immortels m'attendent... » Personnellement, il me paraît évident que le sens de cette « attente » renvoie à la fin du vers précédent : « partir ou rester ».

L'hôte de la mer, sans pensée, suit les mouettes
 [blanches

Dès le début de ce vers il est question de « l'hôte » (à la fois voyageur et visiteur) « de la mer » *(hai k'e)* et certains traducteurs s'y conforment (Hoisey et Collet) alors que les autres précisent qu'il s'agit du poète lui-même : « Tandis que moi, sur cette rivière, trop insouciant, je suis les mouettes blanches » (Deplae)... Claude Roy : « Moi sur l'eau, sans souci, je suis des yeux les mouettes blanches », et Hervey-Saint-Denys : « Tandis qu'insouciant et tranquille, je vogue au milieu des mouettes blanches. »

L'expression bouddhiste « sans pensée » *(wu hsin)* se comprend hors du mécanisme du mental qui engendre les désirs et les projections. Sur un plan plus profane, l'on pourrait traduire « par inadvertance » mais Li Po connaissait bien le bouddhisme et ce « sans volonté » signifie sans intentions, sans ambitions.

Paroles de Ch'ü P'ing, poème du Soleil et de la Lune
[suspendus

Ch'ü P'ing (ou Ch'ü Yuan) est un des plus grands poètes de l'Antiquité chinoise (332-295 avant notre ère). Ministre qui dut subir un exil politique à cause des rois de *Ch'u*, il composa un célèbre poème, *Li-sao*, et se jeta dans une rivière, coïncidence qui préfigure la fin de Li Po. Une fête nautique lui est dédiée le cinquième jour de la cinquième lune. Son long poème est à l'origine des *fu*, poésies en prose, très riches.

Dans ce vers, les traducteurs n'y vont pas de main morte. Pour Charles Deplae les poèmes de Ch'ü P'ing sont « parfaits » et pour Claude Roy ils sont « éternels ». Selon Hervey-Saint-Denys ils « nous restent comme un monument » *(sic)* et Hervé Collet, Cheng Wing Fun et Dominique Hoisey optent pour le verbe « briller » à propos de ces fameux *fu*...

Il suffit pourtant de savoir que dans le taoïsme les astres contemplés sont comme des « emblèmes suspendus » *(hsüan hsiang)* pour comprendre pourquoi Li Po reprend ici le terme « suspendu » *(hsüan)* « au ciel » (dixit Paul Jacob) en l'accolant au Soleil et à la Lune.

Des terrasses et belvédères des rois de Chu... *vide des*
[coteaux, des montagnes

Le royaume des *Ch'u* se situe à la fin de la dynastie des *Chou*, à l'époque où le poète Ch'u P'ing écrit ce qui va demeurer au-delà des ans, poèmes « suspendus » aux jours *(jih)* et aux mois *(yueh)* symbolisés par le Soleil et la Lune, alors que les méfaits du temps détruisent ces constructions royales, sortes de belvédères ou d'observatoires *(hsieh)* élevés à partir des terrasses *(t'ai)*...

Il ne reste alors que le vide des monts désertiques. Les différentes traductions respectent ce sens, mis à part le Marquis qui comprend que ces tours et pavillons ont été « jadis accumulés sur ces collines désertes... »

Inspiration, ivresse... le pinceau s'abaisse secouant les [cinq monts sacrés

Hsing han est une gaieté produite par l'alcool, *lo pi* (s'abaisser-pinceau) signifie : se mettre à écrire. Il s'agit d'un pinceau pour écrire et non pour peindre. L'inspiration est synonyme d'enthousiasme et cette légère ivresse est une ébriété grisante, ces deux termes indiquant une certaine exaltation.

Les traducteurs persistent à en rajouter : j'abaisse mon pinceau « sur le papier » (Deplae), j'ébranle « de mes chants » (Saint-Denys), etc. Mais ce vers n'offre aucune difficulté. L'écriture de Li Po ébranle les cinq pics sacrés où l'Empereur offrait des sacrifices. Ces cinq montagnes symbolisant l'ensemble du monde sont : à l'est *T'ai Shan* (dans le Shantung) ; au nord, *Heng Shan* (dans le Shansi) ; à l'ouest, *Hua Shan* (dans le Shensi) ; au sud, *Heng Shan* (dans le Hunan) et au centre, *Sung Shan* (dans le Honan).

Le poème achevé, l'insolence du rire dépasse les [ermitages

Ce vers donne deux possibilités de traduction... Le poème achevé, l'insolence du rire monte *(ling)* sur la rive *(ts'ang chou)* ; c'est le sens propre admis par Charles Deplae : « Voilà ! [*sic*] mon poème est fini, et je puis me moquer, en longeant les bords de cette rivière. » Claude Roy : « glissant au fil de l'eau » ou encore Paul Jacob : « et franchis l'Archipel », c'est-à-dire les îles *(chou)* glauques *(ts'ang)*.

Mais le sens figuré auquel je me rallie est rendu ainsi par Dominique Hoisey : « Rire et fierté du poème achevé surpassent tous les ermitages. » Effectivement, l'île *(chou)* froide *(ts'ang)* indique au second degré un lieu de retraite, d'ermitage.

Quant à Hervé Collet et Cheng Wing Fun, ils tentent de concilier les deux sens : « Mon poème achevé, je ris et m'élève au-dessus des retraites au bord de l'eau. » (Seconde version remaniée : « Je ris fièrement, traversant le fleuve. ») Pour Hervey-Saint-Denys il n'y a plus de poème achevé, accompli, mais il voit, à juste tite, le poète se rire « de toutes les grandeurs ».

Mérite et renom, richesse et noblesse, je vous estime-
[rais si vous duriez

Distinction des services rendus *(kung ming)*, richesses et dignité *(fu kuei)* importent peu au poète libéré des attachements aux apparences. Il ne les honorerait que si ces biens précieux *(kuei)* devaient durer toujours, assurant une permanence immuable qu'ils n'ont évidemment pas. Ici, la plupart des traducteurs ne varient guère. Le dernier idéogramme est remplacé dans certaines transcriptions par *yu* (estimer, donner la préférence).

De même il faudrait que les eaux du Han coulent vers
[le Nord-Ouest...

Le Han est le fleuve qui, du Shensi, va se jeter dans le fleuve Bleu, dans la province du Hupei, c'est-à-dire qu'il coule depuis le Nord-Ouest vers le Sud-Est. Si ses eaux se répandaient vers le Nord-Ouest, le fleuve remonterait son cours... « Image de l'impossibilité », constate Paul Jacob. Mais où donc le Marquis lit-il « fleuve jaune » ?

Grosso modo, les traducteurs s'accordent. Charles Deplae, qui entend dépouiller les idées de ce qu'elles ont d'étranger (*sic,* p. 121), écrit toujours, très prolixe : « Mais non ! il serait aussi fou de le croire que de croire

La parole poétique chinoise

que les eaux du Han pourraient remonter leur cours. »
Mais, plus loin, il insiste sur une subtilité intéressante
de traduction finale (suggérée par le romancier Hsiung
Ling). Le rire de Li Po ne se rapporterait pas au rivage
ou à l'île ou encore aux ermitages, mais aux quatre
premiers caractères du vers suivant. Ainsi « le poète se
moque, en longeant le bord de la rivière, du mérite, du
succès, des richesses et des honneurs. Il y a entre le
vers 10 et le vers 11 un enjambement comme il arrive
souvent dans la poésie chinoise » (p. 176). Il y a
d'ailleurs généralement dans ce genre de poésie une
césure entre le quatrième et le cinquième caractère.

Après avoir étudié ce poème, viennent quelques
réflexions. Pourquoi l'avoir rallongé pour mieux le faire
comprendre? A quoi riment les fioritures? La langue
monosyllabique chinoise est essentiellement allusive :
avec un seul son un certain nombre de possibilités se
découvrent. Inutile d'en rajouter ni d'en retrancher.
Nous devons respecter le laconisme chinois, cette
langue fugitive comme la vie éprouvée dans l'instant,
ces bouffées de sens dont on ne peut parler... Menu et
ténu du non-dit. La poésie est la musique du cœur...
« En toutes choses et partout demeure la Poésie,
l'Amour, Tao [27]. »

A présent, remplissez les coupes! Il est temps de les
vider. Qu'hier ne s'attarde! Que demain ne se
montre!... Rien à attendre. Buvons!

NOTES

Introduction. *Li Po, buveur et voyageur.*

1. *Anthologie de la poésie chinoise classique*, Poésie-Gallimard, 1982, p. 264.
2. *Ibid.*, p. 249.
3. Lire « La cascade du Lu Shan », *infra*, p. 108.
4. *L'Œuvre complète de Tchouang-tseu*, Gallimard, 1969, p. 96. Li Po coïncide souvent avec l'expression chinoise « Chanter le vent, jouer avec la lune » *(yin feng lung yüeh)* qui s'emploie à propos des poètes rêveurs... « dans la lune » comme l'on dit ici.
5. Henri Collet et Cheng Wing Fun, *Li Po, l'Immortel banni sur terre, portrait et poèmes*, Moundarren, 1984, ouvrage non folioté. Dans « Chant sur le fleuve », « Songeant à la montagne de l'est », « Devant un flacon de vent », etc., on le retrouve accompagné de courtisanes, qui n'étaient d'ailleurs pas uniquement des prostituées mais aussi des artistes.
6. *Sagesse et poésie chinoises*, Seghers, 1983, p. 51.
7. *Parmi les nuages et les pins*, Arfuyen, 1984, ouvrage non folioté.
8. Hsu Sung Nien, *Li Thai-po, son temps, sa vie et son œuvre*, thèse, éd. Bosc et Riou, Lyon, 1935, p. 108.
9. *Poésies de l'époque des Thang*, Champ Libre, 1977, p. 170.
10. *Ibid.*, p. 167.
11. *Anthologie de la poésie chinoise classique, op. cit.*, p. 255.
12. *Ibid*, p. 266.
13. *L'Œuvre complète de Tchouang-tseu, op. cit.*, p. 255.
14. *Li Po, l'Immortel banni sur terre, portrait et poèmes, op. cit.*
15. Poème « Dans le retour des beaux jours », *Poésies de l'époque des Thang, op. cit.*, p. 134 et 136 (6).
16. *Li Po, l'Immortel banni sur terre, portrait et poèmes, op. cit.*

Notes

17. Georgette Jaeger, *Les Lettrés chinois*, À la Baconnière, 1977, p. 167.

18. A la fin de son poème : « Quand on porte une pensée dans son cœur on la loge dans ses yeux, et si les sentiments veulent s'échapper on les confie à la parole », *Poésies de l'époque des Thang, op. cit.*, p. 261-262. Et le traducteur Hervey-Saint-Denys ajoutait : « L'expression *fang-y*, dont il se sert pour désigner le parfum des fleurs qui s'élève dans le vide, est formée de deux caractères signifiant littéralement l'esprit, la partie subtile du parfum, c'est presque l'âme de la fleur. »

19. Derniers vers de « Pensées d'automne », *Poésies de l'époque des Thang, op. cit.*, p. 168.

20. *Ibid.*, p. 152.

21. *Ibid.*, p. 157.

22. *Ibid.*, p. 172.

23. Charles Deplae, *Chant sur la rivière*, Éditions des Artistes, Bruxelles, 1945, p. 35.

24. Hsu Sung Nien, *Li Thai Po, son temps, sa vie et son œuvre, op. cit.*, p. 115.

25. *Anthologie de la poésie chinoise classique, op. cit.*, p. 435.

26. *Anthologie de la poésie coréenne*, Lib. Saint-Germain-des-Prés, 1972, p. 119.

27. *Anthologie de la poésie chinoise classique, op. cit.*, p. 516, 555, 576.

28. *Anthologie de la poésie coréenne, op. cit.*, p. 87.

29. *Le Mangeur de brumes*, Phébus, 1985, p. 205.

30. *Ibid.*, p. 217.

31. *Ibid.*, p. 369.

32. *Ibid.*, p. 413.

33. Dans le fameux ouvrage de Robert Van Gulik : *La Vie sexuelle dans la Chine ancienne* (Gallimard, 1972, p. 127), les recherches de l'auteur aboutissent à reconnaître Hsi K'ang homosexuel mais pas Li Po.

34. Henri Maspero, *Le Taoïsme et les religions chinoises*, Gallimard, 1971, p. 334-340. Lire aussi : Donald Holzman, *La Vie et la pensée de Hi K'ang*, Leiden, 1957.

35. Fong Yeou-Lan, *Précis d'histoire de la philosophie chinoise*, Payot, 1952, p. 246.

36. *Les Roubaïates*, Seghers, 1967, p. 41, 42 et 93.

37. Si « joie » et « réjouir » ont la même signification en chinois, notre étymologie latine nous montre que « jouir » vient de « se réjouir » *(gaudire)*, d'où la « joie » *(gaudium)*.

38. *Huan* et *hsi* veulent dire tous deux « joie ». Par opposition à la

1. *Vie et mort d'un Prunier Blanc.*

1. Hsu Sung Nien, *Li Thai po, son temps, sa vie et son œuvre*, Bosc et Riou, 1935.
2. O. Kaltenmark-Chéquier, *La Littérature chinoise*, PUF, 1948, p. 71. Li Po serait né en Asie centrale et aurait du sang turc dans les veines. Voir : Encyclopédie de la Pléiade, Gallimard, 1977, tome I, *Littératures anciennes orientales et orales*, p. 1159. D'autres pensent à du sang tartare... « Une des raisons pour lesquelles il ne tente jamais de se présenter aux concours impériaux » (Georgette Jaeger, *Les Lettrés chinois*, A la Baconnière, 1977, p. 158).
3. Hervé Collet et Cheng Wing Fun, *Li Po, l'Immortel banni sur terre, portrait et poèmes*, Moundarren, 1984.
4. Lire dans notre deuxième partie son poème, p. 84.
5. Robert Van Gulik, *La Vie sexuelle dans la Chine ancienne*, Gallimard, 1972, p. 220.
6. *Ibid.*, p. 228.
7. L'académicien du *Han Lin Yüan* (Établissement du Cercle des Pinceaux) ne perçoit pas d'honoraires. Sa tâche est honorifique mais il reçoit des cadeaux de l'Empereur.
8. M. Lin Lu-tche, *Le Règne de l'empereur Hiuan-tsong*, vol. 13 des *Mémoires de l'Institut des hautes études chinoises*, 1981, p. 211.
9. Georgette Jaeger, *Les Lettrés chinois*, A la Baconnière, 1977, p. 123.
10. Lire Inoué Yasushi, *La Tuile de Tempyô* (POF, 1985) où se trouve un poème de Li Po (p. 139).
11. Gary Snyder, « Beat Generation », *Entretiens*, n° 34, Subervie, 1975, p. 228. Cet Américain a traduit le « poète et montagnard » Han Shan (Gary Snyder est « Japhy » dans le livre de son ami Jack Kerouac : *Les Clochards célestes*, Gallimard). Sur de tels sujets, lire la judicieuse étude d'Alan Watts : *Beat Zen, Square Zen et Zen* (P. J. Oswald, 1977).
12. Voir Liou Kin-ling, *Wang Wei le poète*, 1941 ; Wang Wei, *Le Plein du vide*, Moundarren, 1985, etc.
13. *Anthologie de la poésie chinoise classique*, Poésie-Gallimard, 1982, p 273.
14. *Poésies de l'époque des Thang*, traduction d'Hervey-Saint-Denys, Champ Libre, 1977, p. 210-211.

Notes

15. *Ibid.*, p. 211.

16. Patricia Guillermaz, *La Poésie chinoise*, Club des Libraires de France, 1960, p. 116; Marabout, 1966, p. 97.

17. Lire ce poème p. 109-110.

18. Charles Deplae, *Chant sur la rivière*, Éditions des Artistes, Bruxelles, 1945, p. 154.

19. Hsu Sung Nien, *Li Thai Po, son temps, sa vie et son œuvre, op. cit.*, p. 91.

20. G. Margouliès (qui préfère la retenue de Tu Fu...), *Histoire de la littérature chinoise*, Payot, 1951, p. 285.

21. Hsu Sung Nien, *Li Thai Po, son temps, sa vie et son œuvre, op. cit.*, p. 185.

22. *Anthologie de la poésie chinoise classique, op. cit.*, p. 282.

23. Il est dit qu'elle se pendit « elle-même à une branche de prunier dans la cour d'un petit temple au début de juillet 756 », comme le rapporte René Boisguérin. Qu'en dit Li Po « Prunier Blanc » qui avait écrit ce fameux poème sur la belle Huei Fei ? Pour Chu Tun Ju, poète des Song du Sud, le prunier fleurit dans les montagnes comme le Sage solitaire...

24. Hsu Sung Nien, *Li Thai Po, son temps, sa vie et son œuvre, op. cit.*, p. 87.

25. *Poésies de l'époque des Thang, op. cit.*, p. 166. En citant le *Tao Te Ching* (L. Laloy, *Choix de poésies chinoises*, Sorlot, 1944, p. 37) Li Po sait pourtant que « les armes sont des instruments de malheur... ».

26. C'est grâce aux cavaliers turco-mongols ouïgours que la révolte fut matée. Les Mongols prouvaient déjà qu'ils étaient les plus grands guerriers du monde et qu'ils auraient pu en devenir plus tard les maîtres sous Gengis Khan.

27. *Poésies de l'époque des Thang, op. cit.*, p. 324.

28. « Le septième jour du septième mois » se déroule la fameuse fête qui célèbre les retrouvailles de la Tisseuse céleste et du Bouvier terrestre. Il s'est rajouté une anecdote à ce célèbre conte : Kuo Tsui, général qui sauva l'Empire lors de l'insurrection de An Lu Shan, est devenu le dieu du Bonheur. On le représente souvent dans une scène où il rencontre un soir, dans son lit, la Tisseuse fille du dieu du Ciel... Elle lui annonce qu'il est le dieu du Bonheur.

29. Po Chiu I a écrit, dans la même veine, un long poème : « La guitare » où il raconte sa rencontre poignante avec une musicienne. La passion de l'Empereur pour sa jeune concubine inspira bien des auteurs de théâtre comme Po P'u (« La pluie sur les sterculiers »), Wu Shih Mei (« Le récit de l'oie sauvage effrayée »), Hung Sheng

(« La grande salle de la vie éternelle ») et des poètes comme Ch'en Hung (« Notice sur le chant de l'éternel regret »)...

Chez les Occidentaux on peut lire *La passion de Yang Kwé-Feï, favorite impériale d'après les anciens textes chinois,* de G. Soulié de Morant (L'Édition d'Art, 1924) ou écouter la musique que Pierre Boulez a conçue sur « Le crépuscule de Yang Koué Feï » (adaptée par G. Lecomte et réalisée par A. Trutat, INA, 1957).

30. Paul Demiéville, *Poèmes chinois d'avant la mort,* L'Asiathèque, 1984, p. 176.
31. *Li Bai, Florilège,* Gallimard, 1985, p. 60.
32. Paul Jacob, *Vacances du pouvoir,* Gallimard, 1983, p. 30.
33. Hervé Collet et Cheng Wing Fun, *Li Po, l'Immortel banni sur terre, portrait et poèmes, op. cit.*
34. François Cheng, *L'Écriture poétique chinoise,* Seuil, 1977, p. 113.
35. *Cho* (boire ou verser à boire) signifie aussi « trinquer », avec ici l'humour noir ou amer que cela suppose...
36. Alan W. Watts, *Le Bouddhisme Zen,* Payot, 1978, p. 133.

Huang Ching Jen écrivit dix siècles plus tard : « Ton âme ivre a sombré » et Hsü T'ing Yung (XVIIIe siècle) : « Le fleuve et la montagne ont perdu leur Li Po :/Plusieurs milliers d'années de morne solitude. »

2. *Li Po Fou en Tao ?*

1. Comme le disait très justement Paul Demiéville dans son cours « Langue et littérature chinoises », *Annuaire du Collège de France,* 1963, p. 329.
2. « Tseu-lou se rendit néanmoins chez l'ermite. Il trouva la maison déserte. » *L'Œuvre complète de Tchouang-tseu,* Gallimard, 1969, p. 210.
3. Georgette Jaeger, *Les Lettrés chinois,* la Baconnière, 1977, p. 102.
4. *Ibid.* p. 281.
5. *Ibid.* p. 113.
6. Voir dans notre deuxième partie, p. 107.

« L'hôte lui n'est pas là, pourtant la joie abonde » (*Tao poétique,* Éd. Moundarren, 1986), écrit aussi le poète Wang Ji Yu avant d'observer : « Pas la peine de se rencontrer... »

7. *Li Po l'Immortel banni sur terre, portrait et poèmes,* Moundarren, 1984.
8. *Trésor de la poésie chinoise,* Le Club du livre, 1967, p. 41.
9. *Taoïsme : la quête de l'immortalité,* Dangles, 1982, p. 75.

Notes

10. *L'Œuvre complète de Tchouang-tseu*, Gallimard, 1969, p. 151.
11. Marcel Granet, *La Pensée chinoise*, Albin Michel, 1968, p. 421.
12. Charles Deplae, *Chant sur la rivière*, Éditions des Artistes, Bruxelles, 1945, p. 32.
13. Marcel Granet, *La Religion des chinois,* Imago, Payot, 1980, p. 106.
14. Voir notre deuxième partie, p. 103.
15. Lire : Camille Imbault-Huart, « La légende du premier pape taoïste », *Journal asiatique,* novembre-décembre 1884.
16. Charles de Harlez, *Le Livre des esprits et des immortels* (1893). Ming Huang était un autre nom donné à l'Empereur Hsüan Tsung.
17. Henri Maspero, *Le Taoïsme et les religions chinoises,* Gallimard, 1971, p. 80.
18. Voir notre deuxième partie, p. 114.
19. *L'Œuvre complète de Tchouang-tseu,* Gallimard, 1969, p. 59.
20. Thomas Merton, *Le Sens du Tao,* Le Mail, 1965, p. 156.
21. *Beat Zen, Square Zen et Zen,* J. P. Oswald, 1977, p. 15.
22. Paul Demiéville « Langue et littérature chinoises », *op. cit.,* p. 289 et 330.

Par ailleurs, Ch'ien Chung Shu (*Cinq essais de poétique,* Bourgois, 1987) signale les coïncidences entre le bouddhisme *Ch'an* et la poésie chinoise. Ce dont on peut s'assurer en lisant le numéro 5 de la revue *Révolution intérieure* (Soulan, 09320 Massat), en particulier les poèmes de moines *Ch'an* traduits par Jacques Pimpaneau.

23. Voir note précédente.
24. Le radical *t'u,* terre, forme la clé de l'idéogramme *tso,* s'asseoir.
25. Littéralement : « il n'y a pas d'arbre à la racine du figuier d'illumination » *(p'u t'i pen wu shu),* premier vers du fameux poème de Hui Neng, sixième patriarche *Ch'an.*
26. Le maître *Ch'an* Shen Hui fut très célèbre à la cour du règne de Hsüan Tsung. N'était-il pas l'ami de l'artiste Wang Wei ? A lire : Jacques Gernet, *Entretiens du maître de dhyâna Chen-Houei du Ho-Tsö* (668-760), École française d'Extrême-Orient, 1977, vol. 31.
27. D'autres cultes, généralement pratiqués par les étrangers, étaient aussi acceptés : nestorianisme, mazdéisme, manichéisme, islam, etc.
28. L'Empereur compose lui-même, vers cette période, trois ouvrages taoïstes, un ouvrage bouddhiste et un autre, confucianiste. Il aurait écrit d'autres livres sur la musique, le *I Ching,* etc.
29. M. Lin Lu-tche (traduit et complété par R. des Rotours), *Le*

Règne de l'empereur Huan-tsong (713-756), vol. 13; *Mémoires de l'Institut des hautes études chinoises*, 1981, p. LVIII.

30. *Li Bai, Florilège*, Gallimard, 1985, p. 46.

31. « Graduelle » par l'importance du temps et des pratiques, « duelle » car basée sur les antagonismes du type Ciel-Terre, Père-Mère, Bien-Mal, etc. Voir par exemple *Procédés secrets du Joyau magique* (Éd. des Deux-Océans, 1984). Ce dualisme se retrouve aussi chez les « papes » du taoïsme « religieux » alors que le taoïste « ancien » est « sûr de n'aller à la rencontre d'aucun Dieu ; il sait que le bien et le mal ne sont pas des choses réelles et n'existent que dans l'esprit de celui qui n'a pas l'intuition de la vérité, qu'elles ne peuvent donc influer en rien sur le sort qui attend les hommes après leur mort » (Giuseppe Tucci, *Apologie du taoïsme* (Éd. Nilsson, 1926, p. 98). D'ailleurs, le totalitarisme monothéiste de l'Occident ne représente-t-il pas, sous couvert d'Unicité, une simplification abusive de la question du divin qui, d'un point de vue métaphysique, ne peut être « personnel » ?

32. *Poésies de l'époque des Thang*, Champ Libre, 1977, p. 127.

33. *Ibid.* p. 293.

34. Claude Roy, *Trésor de la poésie chinoise, op. cit.*, p. 28.

35. François Cheng, *L'Écriture poétique chinoise*, Seuil, 1977, p. 101.

36. *Dictionnaire des symboles*, Robert Laffont, 1969, p. 805.

37. *Ibid.*, p. 423.

38. *Ibid.*, p. 474.

39. *Ibid.*, p. 518-519.

40. *Ibid.*

41. *Anthologie de la poésie chinoise classique*, Poésie/Gallimard, 1982, p. 257.

42. John Blofeld, *Taoïsme : la quête de l'immortalité*, Dangles, 1982, p. 78.

43. *Anthologie de la poésie chinoise classique, op. cit.*, p. 264.

44. *Ibid.*, p. 254.

45. *L'Œuvre complète de Tchouang-tseu op. cit.*, p. 17.

46. Arthur Waley : *The Poetry and Career of Li Po*, Georges Allen & Unwin LTD, Londres, 1950, p. 126.

47. Lire page 105 le poème « De retour à mon ancien logis du Portail en pierre ».

48. Par exemple : *L'Œuvre complète, op. cit.*, p. 168. En revanche ce traducteur se rapproche plus du sens lorsque, répétant en cela le père Wieger (*Les Pères du système taoïste*, Les Belles Lettres, 1975, p. 393), il écrit : « Peut-on arriver à posséder » le Tao *(Tao k'e te)*... *k'e* signifie « pouvoir » et *te :* « obtenir » (dans le sens d'atteindre).

Donc *te* est proche de « posséder » (acquérir) alors que *ts'un* signifie au contraire « conserver » ce que l'on a déjà. Et en métaphysique pure nous savons que l'Éveil à la Voie ne pouvant naître ni mourir est en nous comme notre véritable nature propre... Comme un soleil caché par les nuages des troubles.

49. *L'Œuvre complète, op. cit.,* p. 175.

50. *La Poésie chinoise,* Club des libraires de France, p. 47 ; Marabout, p. 40.

51. *Philosophes taoïstes,* La Pléiade, 1980, p. 759.

52. *L'Œuvre complète, op. cit.,* p. 88-89.

Cet état d'esprit « libertaire » s'accorde aux vues pénétrantes d'un Matgioi qui a bien saisi la connexion entre tradition gnostique et tradition libertaire (*La Voie rationnelle,* Éditions Traditionnelles, 1974, p. 104 et 125).

53. *Le Mangeur de brumes,* Phébus, 1985, p. 392. Il y est question de Hsü Yu qui se lava « les oreilles à la rivière après que le souverain Yao lui eut proposé le pouvoir politique » et de Ch'ao Fu qui proclama « qu'il n'oserait pas même faire boire un buffle dans une eau ainsi souillée... ».

54. « Passez donc votre chemin et ne me troublez pas. J'aime mieux me rouler dans le fumier que de me faire opprimer par mes maîtres. Tant que j'aurai vie, je ne voudrai pas entrer au service de l'État, mais suivre librement mes inclinations » (Giuseppe Tucci, *Apologie du Taoïsme,* Éd. Nilsson, 1926 p. 33).

55. *Dictionnaire des littératures* (PUF, 1968), tome III, p. 3832.

56. *La Poésie chinoise, op. cit.*

57. *Anthologie de la poésie chinoise classique, op. cit.,* p. 187.

De nombreuses histoires circulent sur le même sujet... C'est ainsi que le moine Ming Tsan (VIIIe siècle) fut contacté dans son ermitage par un messager de l'Empereur. Il ne répondait pas, la morve au nez... Comme le messager le lui faisait remarquer, il lui répondit : « Pourquoi prendre la peine de s'essuyer le nez pour un homme du monde... ? »

58. *Taoïsme : la quête de l'immortalité, op. cit.,* p. 78.

59. Voir dans notre deuxième partie, p. 133. Ce qui nous renvoie aussi à son poème, p. 107.

60. *L'Œuvre complète, op. cit.,* p. 142-143.

61. Voir dans notre deuxième partie, p. 127.

62. Georgette Jaeger, *Les Lettrés chinois,* A la Baconnière, 1977, p. 310.

63. Voir dans notre deuxième partie, p. 115.

64. Voir dans notre deuxième partie le poème de Li Po, p. 109. Et l'origine de l'anecdote relatée p. 45 de *L'Œuvre complète de*

Tchouang-tseu traduite par Liou Kia-hway (Gallimard, 1969). Ce qui fait aussi dire à un autre poète contemporain de Li Po : « Et tous ces papillons qui volent dans nos rêves... » (*Anthologie de la poésie chinoise classique, op. cit.*, p. 295).

65. *Tse pi yu fen i tz'u chih wei wu hua.*
66. Claude Roy, *Trésor de la poésie chinoise, op. cit.*, p. 16.
67. Voir dans notre deuxième partie, p. 104.

3. *La parole poétique chinoise.*

1. P. Léon Wieger S. J., *Caractères chinois. Étymologies. Graphies. Lexiques,* Kuangchi Press, Taiwan, 1963, p.73.
2. François Cheng, *L'écriture poétique chinoise,* Seuil, 1977, p. 5.
3. Isabelle Robinet, *Les Commentaires du Tao To King jusqu'au VIIe siècle,* Mémoires de l'Institut des hautes études chinoises, 1977, p. 254.
4. Jean-Pierre Dieny, *Les Dix-Neuf Poèmes anciens,* Université Paris-VII, Centre de publication Asie Orientale, 1974, p. 167-168.
5. Mais il y a bien sûr des exceptions comme les trois petites pages de la préface d'un Pierre Seghers à *Sagesse et poésie chinoises,* Seghers, 1983.
6. Henri Michaux, *Idéogrammes en Chine,* Fata Morgana, 1975, 1984.
7. E. Fenollosa, *Le Caractère écrit chinois, matériau poétique,* L'Herne, 1972, p. 25. Rappelons qu'Ezra Pound insérait des caractères chinois dans ses poèmes (*Cantos pisans,* L'Herne, 1965).
8. *ABC de la lecture,* Idées-Gallimard, 1967, p. 13. En ce qui concerne Li Po, Ezra Pound écrit à propos d'un vieux texte anglais du Xe siècle : « En dehors du *Seafarer* je ne connais pas d'autre poème européen de cette période qui soit comparable aux *Lettres d'exil* de Li Po, et qui mette l'Occident au niveau de l'Orient » (*ibid.,* p. 46).
9. *Anthologie de la poésie chinoise classique,* Poésie-Gallimard, 1982, p. 225.
10. Charles de Harlez (*La Poésie chinoise,* 1982, p. 169) qui explicite la versification et le style de l'art poétique chinois.
11. Viviane Alleton, *L'Écriture chinoise,* PUF, 1976, p. 66.
12. *Poésies de l'époque des Thang,* Champ Libre, 1977, p. 91.
13. Dans son très intéressant ouvrage, *L'Écriture chinoise, op. cit.,* François Cheng étudie les structures des formes poétiques et l'importance des images et métaphores alors en usage.
14. Jao Tsong-yi et Paul Demiéville, *Airs de Touen-houang,* 1971.
15. Georgette Jaeger, *Les Lettrés chinois,* à la Baconnière, 1977, p. 142.

16. Les Belles-Lettres, 1975.

17. Mais même en admettant la naïve valeur des traductions en rimes, pourquoi ne pas suivre alors les rimes chinoises où seuls riment les vers pairs et, en continuant, ou en s'égarant, dans ces exercices de style, pourquoi ne pas respecter très exactement le nombre de pieds des vers ? Au lecteur de juger du résultat... Par exemple chez un Paul Jacob (Gallimard).

18. Voir les différences entre la collection Connaissance de l'Orient ou Idées et la collection La Pléiade. Le traducteur s'en est expliqué dans le n° 3 (1981) de la revue *Être*.

19. Claude Roy, *Trésor de la poésie chinoise,* Le Club Français du Livre, 1967, p. 19. Mais ce n'est sans doute pas l'avis d'Yves Hervouet (*Journal asiatique,* année 1970, p. 394), choqué il est vrai par quelques erreurs historiques.

20. Université Paris-VII, Centre de publication Asie orientale, 1975.

21. *Poésies de l'époque des Thang, op. cit.*, p. 125.

22. Première note de *Li Po. Parmi les nuages et les pins,* Arfuyen, 1984.

23. *Li Po, l'Immortel banni sur terre, portrait et poèmes,* Moundarren, 1984-1985.

24. *Chant sur la rivière,* Éditions des Artistes, 1945, p. 120.

25. *Trésor de la poésie chinoise, op. cit.*, p. 19.

26. *Li Bai,* Gallimard, 1985, p. 191.

27. Henri Borel : *Wu Wei,* Librairie Fishbacher, 191.?, p. 49 et 105. Signalons par ailleurs que Cheng Chi Hsien conclut dans un article (*Tel Quel* n° 48-49, 1972) que les poètes chinois assimilaient la nature avec les idéogrammes. Il remarque aussi très justement que « la poésie ne se contente pas de briser la structure du langage ordinaire, elle vise une autre structure qui lui permet d'explorer les limites de la parole. Cette structure, cependant, n'est jamais entièrement indépendante ; elle se réfère sans cesse à celle du langage ordinaire, s'y appuyant et y imprimant aussi son empreinte. Les deux structures sont ainsi dans un rapport dialectique. La poésie, pour être d'une essence particulière, n'en est pas moins un langage ; elle se veut une tension entre ce qui est inexprimable et ce qui est communicable ».

DEUXIÈME PARTIE

Choix de textes

En face du vin

Song-tseu s'est transformé sur le K'in-hoa[1] ;
Ngan-ki a pénétré jusqu'au Pong-laï[2] ;
Ces personnages obtinrent l'immortalité dans l'âge antique,
Ils ont pris leur essor, soit ; mais enfin où sont-ils ?

La vie est comme un éclair fugitif ;
Son éclat dure à peine le temps d'être aperçu.
Si le ciel et la terre sont immuables,
Que le changement est rapide sur le visage de chacun de
[nous !

Ô vous, qui êtes en face du vin et qui hésitez à boire,
Pour prendre le plaisir, dites-moi, je vous prie, qui vous
[attendez ?

Chant du cavalier hun de Yeou-tcheou

L'étranger de Yeou-tcheou monte un cheval hun
ses yeux verts luisent sous son bonnet en peau de tigre
il se rit des flèches ennemies, car sur dix mille hommes
aucun ne peut se mesurer à lui

de son arc recourbé comme un croissant de lune
il abat l'oie sauvage du haut des nuages

fouet claquant, fouet claquant
en chassant, il galope vers le Turkestan

sorti des remparts, il ne regarde pas en arrière
mourir pour son pays ne lui semble pas difficile
orgueil du ciel, les cinq princes des Hiong-nou[3]
féroces, rebelles, détruisent tout sur leur passage

leurs bœufs et leurs chevaux pâturent au lac Baïkal
pendant qu'ils mangent de la viande crue, comme des loups
quoiqu'ils habitent les montagnes du Kansou
ils ne semblent pas souffrir de la neige et du froid

à cheval, leurs femmes rient
visages couleur de jade rose
elles atteignent l'oiseau sauvage en plein vol
même ivres, elles font corps avec leurs chevaux

lorsque les Pléiades répandent leur clarté incertaine
comme un essaim d'abeilles, les hordes partent au combat
les sabres blancs font couler le sang rouge
le sol sablonneux en est tout imprégné

quel est le grand général qui nous conduira ?
soupirent les soldats fatigués, immobiles
quand donc Sirius voilera-t-il son éclat[4]
que père et fils puissent à nouveau jouir de la paix ?

Chanson du redresseur de torts

Son cimeterre étincelle comme la neige gelée
sa selle d'argent brille sur son cheval blanc
telle une étoile filante
il arrive comme le vent, part comme un raz de marée
il tue un homme à chaque dixième pas
franchit d'une traite une distance de dix mille lis[5]
puis il secoue son manteau et disparaît

Choix de textes

personne ne sait où
on ne connaît même pas son nom...

J'offre du vin

Ignorez-vous, amis,
que le fleuve Jaune qui descend des hauteurs célestes
coule jusqu'à la mer sans jamais revenir
ignorez-vous, amis,
que nos parents contemplent tristement leurs cheveux dans le
 [miroir
soie noire au matin, blancs comme neige au soir ?
ce que je désire ici-bas, c'est épuiser toutes les joies
je ne m'attarde jamais au clair de lune, une coupe vide à la
 [main
le génie que le ciel m'a octroyé, je l'emploierai certes
si l'argent est épuisé, il en reviendra sûrement
rôtissons un mouton, tuons un bœuf et réjouissons-nous
car nous devons encore vider trois cents coupes ensemble
ami Tch'en
cher Tan-k'ieou
je vous offre du vin, buvez donc
tandis que je vous chante un petit poème
tendez l'oreille, je vous prie
clochettes et tambours, mets délicats, tout cela n'est rien
seule compte l'ivresse sans désir de s'en éveiller
les sages de l'Antiquité, qui donc s'en souvient à présent ?
tandis que les grands buveurs sont restés célèbres
autrefois le prince Tche [6] festoyait au palais de la Paix et de la
 [Joie
on y vidait mille jarres de vin en plaisantant
pourquoi mon hôte dit qu'il n'y a plus d'argent ?
il faut acheter du vin et en servir tout de suite
cinq chevaux rouans
une fourrure de prix

appelons le garçon, qu'on l'envoie échanger cela contre du
[vin doux
et dissipons ensemble les soucis de dix mille ans !

En descendant du mont Tchoung-nan, je vais boire du vin et passer la nuit chez Hou Se

En descendant des montagnes bleues, ce soir
le clair de lune m'accompagnait sur le chemin
en me retournant, je vis le sentier
enfoui dans des couches d'ombres vertes et bleues
je passais devant la ferme d'un ami
lorsque ses enfants ouvrirent la barrière de bois
ils me conduisirent entre des bambous verts
des ronces s'accrochaient à mes vêtements
j'étais content de pouvoir me reposer
et de boire du vin avec un ami
les soupirs du vent dans les pins accompagnaient nos chants [7]
nous avons chanté jusqu'à ce que la Voie lactée pâlisse
j'étais ivre à ce moment-là, et vous, plus que joyeux
heureux, ensemble, nous avions oublié le monde.

Chanson de Tchang-kan

I

Mes cheveux couvraient à peine mon front
je brisais des fleurs sur le seuil pour m'amuser
tu arrivais, chevauchant ton cheval de bambou

Choix de textes

nous jouions avec des prunes vertes, autour du banc
tous deux, nous habitions Tchang-kan
nous n'étions que des enfants, ne pensant pas à l'avenir

à quatorze ans je devins ton épouse
timide, je n'osais découvrir mon visage
et détournais la tête vers le mur sombre
tu m'appelais mille fois sans que je me retourne

à quinze ans je savais farder mes sourcils
je t'implorais de rester avec moi jusqu'à la mort
toujours tu me gardais une fidélité totale
je ne pensais pas que tu me quitterais un jour

j'avais seize ans lorsque tu partis pour un lointain voyage
au-delà des gorges où le fleuve bouillonne sur les rochers
au mois de mai on ne peut franchir les rapides
et les cris des gibbons s'élèvent jusqu'au ciel

devant la porte, la trace de tes pas
chacune est recouverte de mousse verte
je ne puis balayer cette mousse épaisse
déjà les feuilles tombent dans le vent d'automne
et les papillons qui naissent au huitième mois
volent par couples dans l'herbe du jardin de l'Ouest
leur vue redouble le chagrin de mon cœur
assise, seule, triste, mon teint se fane

lorsque tu reviendras en descendant le fleuve
écris-moi à l'avance pour me le dire
j'irai à ta rencontre — la route n'est pas si longue
je viendrai jusqu'à Tchang-fong-cha [8].

II

J'ai grandi dans le gynécée
ne connaissant rien de la vie
depuis que je t'ai épousé à Tchang-kan
je guette le temps qu'il fait, errant au bord du fleuve

au cinquième mois, le vent du sud se lève
je pense à toi qui navigues vers Pa-ling

au huitième mois, le vent d'ouest se lève
je pense à toi qui quittes Yang-tse

tu vas, tu viens, et moi, je me désole
de te voir si peu, d'être si souvent séparée de toi
combien de jours faut-il pour aller à Siang-tan?
mon rêve survole les vagues agitées par le vent

cette nuit une tempête terrible a soufflé
amenant une obscurité profonde
où étais-tu, pauvre voyageur?
comme j'aimerais chevaucher les nuages flottants
j'arriverais bientôt à l'est de Lan-tchou
heureux canards mandarins parmi les verts roseaux
et les martins-pêcheurs sur le paravent de brocart
pourquoi a-t-il fallu qu'à quinze ans à peine
le visage rose comme une fleur de pêcher
je devienne la femme d'un marchand
que l'eau inquiète, puis que le vent inquiète?

Invitation à boire au clair de lune

Si le Ciel n'aimait pas le vin
il n'y aurait pas d'étoile du vin au ciel
si la Terre n'aimait pas le vin
la source du vin [9] n'existerait pas sur terre
puisque le ciel et la terre aiment le vin
de quoi l'homme aurait-il donc honte?
on dit que le vin transparent reflète l'âme pure du sage
et le vin trouble, l'esprit fertile de l'homme parfait
puisque le sage et l'homme parfait étaient tous deux buveurs
pourquoi chercher parmi les esprits et les Immortels?
trois coupes de vin, c'est le bonheur suprême [10]
toute une jarre, et l'univers vous appartient
pour moi, la vertu du vin est incomparable
comment expliquer cela à un homme sobre?

Devant un flacon de vin

Le luth de bois précieux résonne
le vin est transparent dans les coupes de jade
la musicienne sert à boire avec grâce
ivre, elle ne voit plus très clair
son visage est tout empourpré
n'est-elle pas séduisante comme une fleur ?
en chauffant le vin, elle sourit avec tant de charme
elle sourit comme la brise printanière
elle danse dans sa robe de gaze
et tu voudrais, n'étant même pas ivre, rentrer maintenant
[chez toi ?

Regrets

La belle écarte le rideau de perles
ses beaux sourcils sont crispés de chagrin
je vois des traces humides de larmes sur ses joues
mais je ne sais pour qui son cœur ainsi s'afflige

Sur une mélodie de Suzhou, quatre chansons sur les saisons

PRINTEMPS

La charmante Luofu de la famille de Qin
cueille des feuilles de mûrier le long de l'eau bleue
sa main est blanche sur la branche verte

le soleil brille sur sa robe rouge
« mes vers à soie ont faim » dit-elle « je dois partir
inutile de retenir vos cinq chevaux [11] »

ÉTÉ

Sur les trois cents lis du lac du Miroir
les fleurs de nénuphar éclosent
au mois de mai, Xi Shi [12] les cueille
la foule la regarde, massée sur la berge
son bateau repart avant le lever de la lune
et se dirige vers le palais du roi de Yue

AUTOMNE

Un croissant de lune brille sur Chang'an
dix mille battoirs de lavandières résonnent
le vent d'automne souffle sans relâche
leurs pensées sont toutes à la Porte de Jade
quand donc les Barbares seront-ils vaincus
afin que leurs époux reviennent du lointain champ de
[bataille !

HIVER

Le courrier partira demain à l'aube
toute la nuit elle coud pour doubler la tunique
les doigts qui tiennent l'aiguille sont glacés
c'est à peine si elle peut manier les ciseaux
l'ouvrage achevé, elle l'enverra au loin
combien faudra-t-il de jours pour qu'il parvienne à Lintao ?

En accompagnant un ami jusqu'à Jingmen

Bien loin, au-delà de Jingmen
je vous ai accompagné jusqu'au pays de Chu
ici s'arrêtent les montagnes, la plaine commence
et le fleuve coule à perte de vue dans l'immensité
sous la lune, miroir parcourant le ciel
sous les nuages qui forment des palais aquatiques...
comme j'aime ces eaux qui viennent de chez nous !
elles vous feront parcourir dix mille lis

Adieu à un ami

Au nord de la ville, devant les montagnes bleuâtres
là où l'eau blanche d'écume entoure les murailles de l'est
nous nous sommes arrêtés pour nous dire adieu
vous partez au loin comme une herbe au fil de l'eau
nuages flottants, pensées du voyageur...
soleil couchant, sentiments de vieux amis...
de la main, un dernier geste d'adieu
et le hennissement de nos chevaux, à l'instant du départ

Yi Qin E [13]

Un air triste de flûte
réveille Qin E au pavillon sous la lune.
Pavillon sous la lune,

tous les ans sous les saules,
douleur de l'adieu à Baling.

Automne morne à Le You Yuan,
ancien chemin de Xien Yang sans nouvelles.
Sans nouvelles,
vent d'ouest, derniers rayons,
tombeaux palais Han : tristes.

Singes blancs

Singes blancs en automne
Dansants, légers comme neige :
Monter d'un bond dans l'arbre,
Et boire dans l'eau la lune

Lavé et parfumé

Si tu te parfumes,
    ne frotte pas ta coiffe ;
Et si tu te baignes,
    n'essuie pas ta robe.
Sache-le bien, le monde
    hait ce qui est pur.
L'homme à l'esprit noble
    cache son éclat [14].
Au bord d'une rivière
    est le vieux pêcheur :
« Toi, moi, à la source
    nous retournerons ! »

Le mont T'ung

J'aime le mont T'ung
    c'est ma joie.
Mille ans j'y resterai,
    sans retour.
Je danse à ma guise :
    ma manche flottante
Frôle, d'un seul coup,
    tous les pins des cimes !

Buvant seul sous la lune

Pichet de vin, au milieu des fleurs.
Seul à boire, sans un compagnon,
Levant ma coupe, je salue la lune :
Avec mon ombre, nous sommes trois.
La lune pourtant ne sait point boire.
C'est en vain que l'ombre me suit.
Honorons cependant ombre et lune :
La joie ne dure qu'un printemps !
Je chante et la lune musarde,
Je danse et mon ombre s'ébat.
Éveillés, nous jouissons l'un de l'autre.
Ivres, chacun va son chemin...
Retrouvailles sur la Voie lactée :
À jamais, randonnée sans attaches !

Au pavillon de Sieh T'iao[15] *: banquet d'adieu pour le réviseur Yun, mon oncle*

Le jour d'hier m'abandonne, jour que je ne puis retenir.
Le jour d'hui me tourmente, jour trop chargé d'angoisses.
Sur dix mille lis, le vent escorte les oies d'automne.
Scène grande ouverte : enivrons-nous dans le haut pavillon !
Souvenir des créateurs immortels, les génies de l'ère Chien-
[an !
Et le poète Sieh T'iao, à qui ce pavillon est dédié...
Hommes libres, superbes, aux rêves sans limites :
Monter dans l'azur, caresser le soleil et la lune !

Tirez l'épée, coupez l'eau : elle coulera de plus belle.
Levez la coupe, noyez vos chagrins : ils remonteront, plus
[vifs.
Rien qui réponde à nos désirs, en ce monde :
À l'aube, cheveux au vent[16], en barque nous voguerons !

Air ancien

À l'Ouest, ascension du Mont Sacré :
M'attire l'Étoile brillante, au loin[17].
Une fleur de lotus dans sa main blanche,
Aérienne, elle foule le Grand Vide.
Sa robe arc-en-ciel aux larges ceintures
Flotte au vent frôlant les étages célestes.
Elle m'invite, sur la Terrasse des Nuées,
À saluer l'Immortel Wei Shu-ch'ing.
Éperdu, ravi, je la suis dans sa course
Sur le dos d'un cygne. Voici la Voûte pourpre.

En me penchant, en bas, les eaux de Luo-yang :
Troupes barbares aux files interminables.
L'herbe sauvage, regorgeant de sang, fume encore :
Loups et chacals portent des coiffes d'hommes !

Écrit en souvenir
dans une taverne de Jinling

Un parfum de fleurs de saule apporté par le vent
Une fille de Wu verse le vin nous conviant à le goûter
Mes amis de Jinling sont venus jusqu'ici m'accompagner
Celui qui va partir ceux qui restent ensemble vident leur
[coupe
Demandez au fleuve qui coule vers l'est
Si ce que nous sentons maintenant n'a pas plus de durée

Remontant les trois gorges

Les monts Wu enserrent le ciel
La rivière Ba s'écoule impétueuse
Soudain elle semble arriver à sa fin
Mais le ciel ne connaît pas de limites
Trois matins pour parvenir au pied du Bœuf Jaune [18]
Trois soirs d'une marche très lente
Trois matins trois soirs
Je n'ai pas senti mes cheveux devenir des fils de soie

Monté au pavillon Sanhua à Jincheng

Le soleil levant illumine Jincheng
Le pavillon Sanhua est baigné de ses premiers rayons
Fenêtres d'or portes de dentelles
Rideaux de perles crochets d'argent
L'escalier volant m'a guidé parmi les nuages verts
Au sommet le regard a dissipé toute mélancolie
La pluie du soir au loin sur les Trois Gorges
La ronde des eaux de printemps autour des Deux Rivières
A contempler tout cela après l'ascension
Je crois être porté dans le Neuvième Ciel [19]

Pénible voyage

Une coupe en or remplie d'un vin à dix mille sapèques,
Un plat en jade plein de mets exquis pour dix mille pièces.
Je pose ma coupe j'écarte mes baguettes ne pouvant pas
[manger,
Je tire mon épée je regarde aux quatre coins le cœur indécis.
J'aimerais traverser le fleuve Jaune mais la glace bloque les
[eaux,
Je voudrais grimper le Taihang mais la neige recouvre les
[montagnes.
Il ne me reste plus qu'à aller pendre mon hameçon dans un
[ruisseau d'azur,
Peut-être qu'en rêve je naviguerai le long des rivages du
[soleil.
Pénible voyage, pénible voyage,
Que de bifurcations : où aller maintenant ?
Par un grand vent brisant les vagues viendra le jour
Où ma voile accrochée aux nuages traversera la mer bleue.

*Du haut de la tour de Yueyang
en compagnie de Xia le douzième*

De la tour les lointains de Yueyang s'offraient à nos yeux,
Les eaux du fleuve se perdaient à l'infini dans le lac Dongting.
Les oies sauvages entraînaient la mélancolie dans leur vol,
La lune sortait de la montagne comme d'une bouche.
Au milieu des nuages en notre gîte,
Du ciel on nous tendit des coupes.
L'ivresse venue un vent froid se leva,
Qui gonflant nos manches nous invita à la danse.

*Dans le temple d'Eau Blanche,
écoutant le moine Chun,
du pays de Shu, jouant du* ch'in [20]

le moine de Shu, portant son *ch'in* précieux,
par le versant ouest descend le mont Omei
pour moi, à peine sa main effleure-t-elle les cordes,
j'entends le chant des pins dans dix mille vallées [21]
le visiteur en a le cœur lavé par les eaux de la rivière
l'écho qui s'éloigne rencontre la cloche gelée du temple
déjà le crépuscule a plongé la montagne de jade dans l'ombre
les nuages d'automne s'accumulent, voilant on ne sait
                      [combien de rangées de montagnes

Ascension du mont Omei

au pays de Shu, nombreuses sont les montagnes d'immortels,
mais l'Omei est au-delà de toute comparaison
par un sentier s'enroulant à la paroi, j'entreprends l'ascension
paysage grandiose !
le vert sombre des pics perce le ciel,
les couleurs se mêlent, on croirait une peinture
flottant, je contemple les nuages mauves,
enfin en possession du bagage magique
du milieu des brumes, le souffle d'une flûte de jade,
d'un rocher de la montagne, l'écho d'un *ch'in*
jusqu'à ce jour, seuls de petits désirs m'ont animé,
j'en ris aujourd'hui, le cœur libre
brumes et fumées, mon propre visage,
mes liens envers le monde de poussière, enfin dissipés
ah ! rencontrer l'Immortel qui chevauche une chèvre [22],
et ensemble, main dans la main, prendre notre essor vers le
[soleil

Ascension du Tai shan [23]

à l'aube, je bois à l'étang de la Mère céleste
au crépuscule, je frappe à la porte du ciel
seul, portant mon ch'in précieux,
j'avance dans la montagne sombre, tandis que la nuit tombe
la rosée blanche brille sous la lune claire,
dans les pins le vent s'est tu, nuit calme
les immortels se promènent sur les à-pics verts,
montent les chants et la musique des orgues à bouche
dans le silence, je me baigne de clair de lune

le temple taoïste se fond au cœur du paysage
je danse comme le phénix, tournoyant dans la robe du dragon
[et du tigre,
je caresse le ciel, cueillant l'étoile Pao kuo
dans le ravissement, j'en oublie le retour
je lève la main pour jouer avec le Fleuve céleste,
elle accroche le métier de la Tisserande[24]
soudain le jour se lève, tout s'efface,
seuls défilent les nuages aux cinq couleurs

*Adieu à mes enfants à Nanling,
lors de mon départ pour la capitale*

avec du vin blanc fraîchement tiré, je rentre de la montagne
les poules jaunes, bien grasses, picorent les graines d'au-
[tomne
j'appelle un jeune garçon, qu'il cuisine un poulet et prépare le
[vin
les enfants jouent, ils rient en tirant ma robe
je chante à haute voix, et m'enivre pour être à mon aise
je danse, mon visage rayonnant se mesure au couchant
pourquoi l'empereur ne m'a-t-il pas appelé plus tôt ?
je claque mon fouet et saute à cheval, pour un long voyage,
songeant à Mai Chen, de Hui tsi, que sa femme stupide
[méprisa
je dis adieu à ma famille, et pars vers l'ouest, vers Ch'ang an
dans un grand éclat de rire au ciel, je franchis la porte de la
[ville
je ne suis pas seulement un homme des herbes sauvages

Devant le vin monte le souvenir de Ho Che chang [25]

fou de la montagne Szu ming,
Ho Che chang, au cœur libre,
lors de notre première rencontre, à Ch'ang an,
tu m'appelas l'immortel banni sur terre
tu étais alors un proche du vin,
maintenant poussière sous les pins
tu échangeas alors ton insigne en or contre du vin,
je m'en souviens aujourd'hui, ma manche s'imprègne de
　　　　　　　　　　　　　　　　　　　　　　　　　[larmes

Chant pour Yuan Tan chiu [26]

Yuan Tan chiu s'adonne à l'art d'immortalité
le matin buvant l'onde claire de la rivière Wen,
le soir retournant au sommet de la montagne Sung, baignée
　　　　　　　　　　　　　　　　　　　　　　[de fumées pourpres
parmi les trente-six pics souvent il se promène,
sans fin son chemin serpente,
rejoignant les astres et l'arc-en-ciel
chevauchant un dragon dont les oreilles soufflent le vent,
il parcourt rivières et mers, et disparaît dans le ciel
je sais, ton cœur voyage, libre de toute limite

En souvenir des ballades d'autrefois, lettre à mon ami Yuan, du pays de Chao

tu te souviens de Tung Tsao chih, à Lo yang,
qui pour moi fit construire une taverne au sud du pont T'ien
[ching ?
avec de l'or et du jade blanc nous achetions alors chansons et
[rires,
une ivresse de plusieurs mois à mépriser les dignitaires
de tous les hommes célèbres à l'intérieur des mers pour leur
[sagesse et leur générosité,
c'était avec toi que mon cœur était le plus libre
franchir les montagnes, parcourir les mers, n'était rien pour
[nous,
nous partagions pensées et sentiments sans rien cacher
puis je partis au sud du fleuve Huai, grimper aux branches du
[cannelier,
tu restais au nord de Lo, agitant souvenirs et rêves
mais bientôt, ne supportant plus la séparation,
nous nous sommes retrouvés,
ensemble pour visiter les montagnes des immortels
trente-six méandres d'une eau écumante,
parfois, un courant de myriades de fleurs étincelantes
nous traversons dix mille vallées, le vent hurle dans les pins
nos chevaux à la selle d'argent et au harnais d'or arrivent dans
[une clairière
le gouverneur de Hang tung vient à notre rencontre,
l'Homme vrai, Tzu yang, m'invite à souffler dans une flûte de
[jade
de la Tour du festin de brume, une musique céleste s'élève,
s'accordant au chant d'amour des phénix
ses longues manches, effleurées par le son des flûtes, lente-
[ment se lèvent,
le gouverneur, ivre, se met à danser
saisissant son manteau de brocart, il m'en recouvre,
ivre, je m'allonge, la tête contre lui

dans le ravissement, nos esprits avaient pris leur essor vers les
[neuf cieux
mais bientôt les étoiles se séparèrent et la pluie essaima avant
[le point du jour
de Ch'u nous partîmes dans des directions opposées, au-delà
[des monts et des fleuves
je retournai dans les montagnes, dans mon vieux nid,
tu rentras chez toi, après avoir traversé le pont de la Wei
ton père, brave comme le léopard et le tigre,
alors gouverneur de Ping, avec pour mission de contenir les
[barbares,
au cinquième mois m'invite à vous rejoindre, à travers les
[montagnes de T'ai heng
combien de roues se brisèrent sur les routes en intestin de
[mouton ?
plus tard dans l'année j'arrive à T'ai yuan, dans le nord
ton amitié alors ne regarde pas à la dépense
coupes de jade, nourritures rares dans des plats de jade,
me rassaient et m'enivrent, dissipant toute pensée de retour
souvent nous sortons à l'ouest de la ville, vers la boucle du
[fleuve,
autour du temple de Ch'in, où les eaux sont si vertes
nous montons sur la jonque, au son des flûtes et des tambours
les vagues, comme des écailles de dragon, les roseaux, si verts
nous invitons des courtisanes, abandon au rythme des flots
elles sont légères comme des chatons de saule, ou des flocons
[de neige
répondant au couchant, l'ivresse empourpre leurs joues
l'eau limpide, profonde de cent pieds, reflète la beauté des
[chanteuses,
si gracieuses dans la lumière de la lune montante
chacune à leur tour elles chantent, la danse fait tournoyer la
[soie
le vent clair emporte les chants vers le ciel,
la musique, battant des ailes, s'enroule autour des nuages
mais de tels moments de joie sont éphémères
je partis vers l'ouest, proposer mon chant en prose. Les
[grands saules
à la cour la réussite ne me souriait pas longtemps

les cheveux blancs, je retournai vers les montagnes de l'est,
et te rencontrai à nouveau au sud du pont de la Wei
au nord du kiosque de Ch'iu nous nous séparâmes
tu me demandes jusqu'où j'ai sondé la tristesse
les fleurs qui tombent, dans le crépuscule du printemps, se
[dispersent
parler de cela, il n'y a pas de fin
décrire mon sentiment, il n'y a pas de mot
j'appelle un enfant, il s'agenouille et scelle cette lettre,
que je t'envoie à mille lis, songeur

Le neuvième jour du neuvième mois [27], *buvant sur le mont du Dragon*

le neuvième jour, sur le mont du Dragon, buvons
les chrysanthèmes se moquent de l'exilé
je suis ivre, le vent emporte mon bonnet
heureux, je m'attarde à danser avec la lune.

Du Patung, naviguant sur le Long Fleuve, je passe par la gorge du Ch'u tang, et monte au plus haut sommet du Wu shan, écrivant le soir, sur un rocher, ce poème

mon voyage sur le fleuve, plusieurs milliers de lis déjà,
la lune, sur les eaux, quinze fois a été pleine
me voilà seulement maintenant dans la gorge du Ch'u tang
à pas lents, je monte vers le sommet du Wu shan
haut à n'en plus finir
mon regard à l'infini parcourt le pays de Pa

les lianes grimpent jusqu'au bord du soleil,
au-delà des nuages de couleur se dresse le grand rocher
mon pas s'envole vers les cimes
à perte de vue, nulle trace de fumée
je me retourne, les vallées rouges en contrebas ont disparu
je regarde en haut, l'azur,
on peut presque le toucher
où est le Fleuve céleste [28] ?
on devine le mont Chang wu, d'où s'élèvent les nuages,
on distingue les eaux, la grande mer
tandis que j'erre, la lumière faiblit, la nuit tombe
dans un tel paysage, le sentiment s'élève
bientôt, sur le chemin maintenant obscur, je m'en retourne
mais la joie n'est pas encore épuisée
près du fleuve, dans le froid crient les singes,
des pins sombres monte la lune,
sa couleur est si apaisante
tsao, tsao, écho du cri des singes
je quitte la montagne, je ne puis en entendre plus
je saisis ma canne et rejoins ma barque, solitaire

Chant du Lu shan, envoyé à Lu Su jo

je suis le fou du pays de Shu,
imitant le chant du phénix, riant devant Confucius
un bâton de jade vert à la main,
à l'aube je quitte le pavillon de la Grue Jaune
dans les cinq montagnes sacrées, sans souci de la distance je
 [cherche les immortels
toute ma vie, j'ai aimé errer dans les montagnes célèbres
le Lu shan se dresse devant la Grande Ourse,
paravent de neuf rangées de montagnes, surmonté par les
 [nuages
le lac reflète l'émeraude profond de la montagne,
entre deux hauts pics s'ouvre la porte dorée

telle le Fleuve céleste à l'envers, séparée par les trois rochers,
au loin la cascade du Pic de brûle-encens
au bord des précipices, un sentier sinueux mène à l'immen-
[sité,
dans l'ombre verte et la brume pourpre brille le soleil de
[l'aube
les oiseaux ne peuvent passer, le ciel de Wu est trop long
je monte au sommet, et contemple ciel et terre
le Long Fleuve coule au-delà de tout retour,
sur dix mille li souffle un vent de nuages jaunes,
les vagues blanches des neuf torrents déferlent de la mon-
[tagne
je chante le Lu shan, mon chant monte du Lu shan
le miroir de pierre me lave le cœur,
là où une mousse épaisse recouvre les pas de Hsieh Ling yun,
j'avale la pilule sacrée, et me libère des liens de ce monde
bientôt, je suis en harmonie avec le Tao
au loin, les immortels au milieu des nuages aux cinq couleurs
un lotus à la main, je me dirige vers la cité de jade
au-delà de la neuvième section du ciel, en un lieu inconnu,
j'invite Lu Ao à venir avec moi, s'ébattre haut dans l'azur

De retour à mon ancien logis du Portail en pierre

haute la montagne de Wu, claire l'eau de Yueh
silencieux nous nous tenons la main, comme la séparation fut
[longue[29]
je t'avais dis adieu, on avait hissé les voiles
mais mon âme demeura ici, comme la fumée qui s'accroche
[aux arbres de la campagne
j'étais triste et désemparé, personne à qui me confier
bientôt je rentrai dans la grâce de l'empereur, le méritai-je?
devant ce beau paysage autrefois, nous buvions tous deux le
[vin de la troisième lune,
ensemble chez les dignitaires nous festoyions

je t'enviais alors, admirant sur ta table les livres blancs
[taoïstes,
aux enluminures de cinabre, couleur éclatante d'un nuage au
[couchant
j'essayais de m'accorder au tao, de me fondre en sa subtilité
souvent dans le rêve, je voyageais dans les montagnes des
[immortels,
inutile pour cela d'enlever ses chaussures, comme le fit Hsieh
[Hsi
dans le pot à vin, soleil, lune et ciel se rejoignaient
mais en ce monde, à peine le temps de lever le regard, déjà on
[se fane
sur le mont Chung, devant la fenêtre défilaient les nuages aux
[cinq couleurs
pesante séparation, triste par la fenêtre de la fée je contem-
[plais le paysage
me voilà enfin de retour, souriant je prends ta main d'im-
[mortel
au Temple du mont de la retraite,
se trouvait le nid de maître Tao, qui mijotait son philtre
[magique
jadis, pour grimper là-haut, je devais retenir mon souffle
ici aujourd'hui, à mon aise, mon émotion soudain se libère
les ermites ont oublié les années qui passent,
comme hier, leur visage est lisse comme la glace
depuis mon départ, bien des choses pourtant ont changé,
je vois maintenant clairement mon chemin
je t'avais quitté alors pour suivre une autre voie, où la joie
[s'avéra rare,
mais je te savais au loin, prêt à m'accueillir
près du Portail en pierre, au bord du courant, il y a de
[nombreux pêchers,
comme dans le village légendaire des Tsin
où courent tant de poulets et de cochons,
où abondent mûriers et chanvre
libre enfin, je m'éloigne du monde de poussière,
en habit de phénix et chevauchant une grue [30], je pars
inutile de continuer à fréquenter les dignitaires,
j'ai gaspillé ma vie à vouloir amasser la fortune, en vain

je te laisse maintenant, toujours je songerai à toi, les nuages
        [se dispersent, la pluie tombe, adieu
comment te dire la peine de la séparation et l'amertume de
        [mon cœur ?
fin du printemps, le vent balaie les jeunes rameaux des saules

Rendant visite à un moine de la montagne, et ne le trouvant pas

le chemin de pierre pénètre dans un val rouge
le portail en sapin est recouvert de mousse
sur les marches désertes, des traces d'oiseau
personne dans la salle de méditation
je regarde par la fenêtre,
et distingue une longue brosse blanche,
accrochée au mur, couverte de poussière
je pousse un long soupir,
et avant de repartir, décide de rester ici un moment
de la montagne s'élèvent des nuages parfumés,
une pluie de fleurs tombe du ciel
j'entends maintenant la musique du ciel,
résonne le cri des singes
j'en oublie soudain les affaires du monde,
accordé ici au paysage alentour

Réponse à Chia Yeh, gouverneur de Huchow, me demandant qui est Li Po

je suis l'ermite du lotus vert, l'immortel banni
depuis trente ans ma renommée fleurit dans le vin
gouverneur de Huchow, pourquoi m'interroger ?
je suis une réincarnation du bouddha Grain d'or

À Wang Lun, au lac des Fleurs de Pêcher, à Chiang hsien dans l'Anhui

à bord de la jonque, Li Po, sur le point de partir
du rivage s'élève un chant, rythmé par un tapement de pied
le lac des Fleurs de Pêcher est profond de mille pieds,
moins profond pourtant que l'amour de Wang Lun

La cascade du Lu shan

par l'ouest, je gravis le Pic de brûle-encens
vers le sud, j'aperçois la cascade,
suspendue à plus de trois mille pieds,
éclaboussant les vallées sur des dizaines de li en contrebas
jaillissant comme l'éclair,
une gerbe de lumière s'élève
je crains d'abord que le Fleuve céleste ne tombe,
dispersant les étoiles à travers les nuages
tout en haut, la cascade, quelle allure grandiose !
éblouissante est l'œuvre de la nature
le vent de la mer souffle, la cascade n'est pas même effleurée
la lune du fleuve illumine sa chute
les torrents se ruent,
à gauche, à droite, les précipices bleus sont balayés
des perles d'eau volent et se répandent en brume,
l'écume bouillonne autour des rocs
j'aime les montagnes illustres,
mon cœur y est libre
dans l'onde sacrée,
je lave mon visage de sa poussière
là, enfin en accord avec mes désirs,
à jamais séparé du monde des hommes

Chuang tzu

Chuang tzu, dans le rêve, papillon
papillon, c'est Chuang tzu
le corps ainsi se métamorphose
dix mille choses, comment distinguer ?
c'est ainsi que la mer P'eng lai
redevient ruisseau clair, peu profond
jusqu'à la porte Bleue, l'homme qui plante des melons
autrefois était duc de Tung ling
richesse, honneur, c'est ainsi
aller, venir, sans cesse, pour chercher quoi ?

De moi-même exilé

Devant le vin on est du soir absent ;
Tombent les fleurs, mon habit s'en empare.
Je me lève, ivre, et suis lune et torrent ;
Loin des oiseaux, de même l'homme est rare.

Mélodie en pur et paisible I[31]

Un nuage est sa robe, une fleur est son air ;
Le vent du printemps frôle et barrière et rosée.
Celle que sur le mont aux Maints Joyaux l'on perd,
Sur la lunaire tour de Jade est retrouvée.

Mélodie en pur et paisible II

De la fleur au parfum qu'exalte la rosée
Nue et pluie [32] au mont Wu brisent le cœur en vain ;
À qui dans le palais peut-elle être opposée ?
À l'Hirondelle-en-vol dans l'habit le plus fin [33] ?

Mélodie en pur et paisible III

La chute d'un pays avec les fleurs se plaît,
Des rires, des regards d'un prince coutumière ;
Elle chasse du vent de printemps le regret,
Au nord du pavillon, tout contre la barrière.

Air ancien

De la mer pourpre au matin je me grise ;
Le soir je porte habit de ciel vermeil.
Ma main s'agite et l'arbre Ruo [34] se brise ;
J'en frappe alors l'éclat d'ouest du soleil !

Dans les Huit Coins [35] je voyage en nuage ;
Du jade, après mille ans, j'ai la couleur !
Dans l'infini, tournoyant, je m'engage ;
Courbant le front, je parle au Haut Seigneur [36].

Dans le Grand Simple [37] il voudrait que j'allasse ;
Dans du jade il m'offre un vin de rubis [38].

Un seul repas en dix mille ans se passe ;
À quoi sert donc de rentrer au pays ?

J'irai toujours où le long vent [39] me chasse ;
C'est hors du ciel qu'en vol libre je vis.

Conduite faite à ma femme qui s'en va chercher Li s'élève-dans-le-vide, taoïste au mont Lu [40]

C'est votre honneur, fille de mandarin,
D'aimer les dieux et d'apprendre la Voie !
Nuages bleus nichent en douce main ;
Pourpres vapeurs suivent la robe en soie.
Des Paravents vous prenez le chemin
Sur un argus [41], le fouet de jade ondoie !

Air ancien

Le fleuve Jaune à la nuit d'Est se rend ;
Le soleil blanc dans la mer d'Ouest se jette.
Le flot qui passe et le jour s'écoulant
N'attendent pas, prompts comme la tempête.

Il s'est enfui, mon bel air printanier !
Cheveux d'automne, on entre en décadence.
La vie au pin ne peut se comparer ;
Que durent-ils, les ans et l'apparence ?

Je dois monter un dragon nuager [42]
Pour humer l'ombre et garder ma brillance !

Devant le vin

Une coupe dorée, remplie de vin de vignes,
Une fille de Wou, juste âgée de quinze ans,
Trop délicate encore pour être chevauchée ;
Elle prononce mal, mais chante, une merveille !
Sourcils peints, épilés, bottes rouges brodées ;
Sur ses nattes ornées d'écaille de tortue,
Ah ! se griser le cœur !
Au bas des rideaux peints de fleurs de nénuphars,
Comment ne pas ?...

Dure est la route de Chou [43]

Yi-hiu, hou ! oh, que de dangers ! ah, quelle hauteur !
Plus dure est la route de Chou que la montée jusqu'au ciel
[azuré !
Ts'an Ts'ong et Yu Fou [44]
Ont fondé ce royaume en des temps très anciens.
Depuis lors ont passé quarante et huit mille ans,
Sans qu'on communiquât par les passes de Ts'in.
À l'Ouest, au mont T'ai-po, par un sentier d'oiseau,
On franchissait de front la chaîne de l'O-mei.
Mais la terre croula et les monts s'effondrèrent, écrasant les
[héros [45] ;
Alors on relia bout à bout d'aériennes échelles et des
[passerelles de roc.
En haut pointe la borne où le soleil, tiré par six dragons, fait
[demi-tour ;
En bas vire un torrent, dont les violents remous rebroussent
[et culbutent.
Si haut que volent les grues jaunes, la voie leur est barrée ;

Choix de textes

    Les singes qui voudraient passer redoutent de grimper.
    Que de tours, de détours, au flanc du col de la Boue verte !
Neuf lacets, sur cent pas, s'enroulent aux parois.
Du doigt l'on touche Orion, le Puits... Les yeux au ciel,
[souffle coupé,
On s'assied, la main sur son sein ; on halète longtemps.
Ô voyageur vers l'Ouest, à quand votre retour ?
Ces chemins périlleux, ces parois escarpées ne se peuvent
[gravir !
On n'aperçoit que des oiseaux lugubres, qui crient d'un arbre
[antique ;
Le mâle prend son vol, sa femelle le suit, ils tournoient dans
[le bois.
On entend aussi le coucou[46], dont le chant, par les nuits de
[lune,
    Afflige ces monts désertiques.
Plus dure est la route de Chou que la montée jusqu'au ciel
[azuré !
À en écouter le récit, se fanent les visages roses.
Frôlant le ciel à moins d'un pied, les pics se suivent ;
Des pins décharnés se renversent, pendus au flanc des
[précipices.
Torrents ailés et ruisseaux cascadants luttent dans le fracas ;
Rochers battus par l'eau, galets tourbillonnants, c'est au fond
[des ravins comme mille tonnerres.
    Devant de tels périls,
Hélas, ô voyageur ! pourquoi donc, de si loin, t'en venir en
[ces lieux ?
La passe de l'Épée est haute et fière, raide et vertigineuse :
    Qu'un seul homme barre le défilé,
    Dix mille hommes ne le pourraient forcer.
Et si le défenseur est soldat déloyal,
On le voit se changer en loup et en chacal.
    Fuyez, le matin, les tigres féroces !
    Fuyez, le soir, les énormes serpents !
    Ils aiguisent leurs dents, pour sucer votre sang ;
    Comme on fauche le chanvre, ils massacrent les hommes.
La Cité du Brocart est joyeuse, dit-on :
Mieux vaut pourtant, sans s'attarder, rentrer chez soi.

Plus dure est la route de Chou, que la montée jusqu'au ciel
[azuré !
Je me tourne à demi : les yeux fixés à l'Ouest, longuement je
[soupire.

Adieu au mont de la Mère céleste [47]
après une excursion en rêve

Les voyageurs revenus de la mer parlent de l'île de Ying [48],
   Perdue dans la brume et les flots, dont l'abord est si
[difficile...
Les gens de Yue s'entretiennent du mont de la Mère céleste,
   Qui, sous ses nuées de lumière ou d'ombre, est rarement
[visible.
Ce mont, qui monte droit au ciel, vers la constellation de
[T'ien-heng [49],
   Dépasse les Cinq Pics sacrés et écrase le Rempart rouge.
Le mont de la Terrasse céleste, qui se dresse à quatre cent
[quarante-huit mille pieds,
   Mis en face de celui de la Mère céleste, chancelle et
[s'incline vers le Sud-Est.
Tout cela me faisant rêver des pays de Wou et de Yue,
   D'un coup d'aile, une nuit de lune, j'ai traversé le lac du
[Miroir.
La lune sur le lac, attachée à mon ombre,
   M'accompagna jusqu'au torrent de Chan,
Où se trouve aujourd'hui encore la demeure de Sire Sie [50].
   Les eaux vertes bouillonnent, on entend hurler les singes.
Les pieds dans les sabots de Sie,
   Je gravis l'échelle des nuages d'azur.
À mi-chemin de la falaise, je vois le soleil surgir de la mer ;
   Dans l'éther retentit le chant du Coq céleste.
Mille escarpements, dix mille détours : indécise est ma
[route...

Égaré par les fleurs, je m'appuie aux rochers, quand
[soudain la nuit tombe.
Un ours grogne, des dragons grondent ; les cascades tonnent
[sur les rocs.
Je tremble dans les bois profonds ; je m'alarme des pics
[accumulés.
Sombres, sombres sont les nuages : il va pleuvoir ;
Et la pluie tombe en trombe, le brouillard se répand.
Dans les éclairs et le tonnerre, les collines et les pics
[s'écroulent ;
Le battant de roc qui clôt l'antre des cieux avec fracas se
[fend en deux.
Grotte obscure et immense, dont on ne voit pas le fond !
Le soleil et la lune brillent sur des terrasses d'or et d'argent.
Vêtues de l'arc-en-ciel et chevauchant le vent,
Les déesses des nuages descendent en désordre.
Les tigres jouent de la cithare, les phénix traînent des chars ;
Les Immortels en rangs serrés sont comme chanvre dans la
[plaine.
Mais soudain mon esprit s'agite, et mon âme[51] s'émeut ;
Effrayé, je sursaute et longuement soupire.
Au réveil, il n'y a que l'oreiller et la natte ;
Les brumes et les nuées de tout à l'heure ont disparu...
Ainsi en va-t-il des plaisirs de ce monde :
Toutes choses, depuis toujours, vers l'Orient s'écoulent.
Je vous quitte et m'en vais, et quand donc reviendrai-je ?
Je fais paître mon cerf blanc[52] parmi les précipices bleus ;
Et, si je veux partir, je monterai sur son dos pour visiter les
[montagnes célèbres.
Comment pourrais-je baisser les sourcils, fléchir les reins
[pour servir les puissants,
S'il faut ainsi empêcher mon cœur et mon visage de s'épa-
[nouir ?

Réveil de l'ivresse un jour de printemps

Si la vie en ce monde est un grand songe,
   À quoi bon la gâcher en se donnant du mal ?
Aussi pour moi tout le jour je suis ivre,
   Et me couche effondré au pilier de la porte.

Au réveil, je regarde au-delà du perron ;
   Un oiseau chante parmi les fleurs.
« Dis-moi, quelle est donc la saison ? »
   « C'est le vent du printemps qui fait parler le loriot
[vagabond. »

J'en suis ému, et vais soupirer ;
   Mais, face au vin, je m'en verse à nouveau.
À voix haute je chante en attendant le clair de lune.
   Ma chanson finie, tout est oublié...

En cherchant maître Yong-tsouen
à son ermitage

Parmi les pics dont l'émeraude touche au ciel,
   Vous vivez librement, oubliant les années.
J'écarte les nuées pour chercher la route ancienne ;
   Je m'appuie aux arbres pour écouter les sources.

Dans la tiédeur des fleurs, les bœufs noirs sont couchés ;
   Sur les pins élevés, les grues blanches s'endorment.
Tandis que nous parlons, le crépuscule est tombé sur le
[fleuve ;
   Et seul je redescends dans le froid et la brume.

Vaine visite au moine taoïste du Tai-t'ien chan [53]

Un aboi de chien dans le bruit de l'eau...
    Après la pluie, la fleur du pêcher est plus rouge
Au plus profond de la forêt, on voit parfois un cerf ;
    Près du torrent, à midi, pas de cloche...

Les bambous sauvages percent l'épais brouillard ;
    La cascade s'accroche au sommet d'émeraude.
Nul n'a pu me dire où l'ermite s'en est allé :
    Je me suis appuyé, triste, à deux ou trois pins...

Nuit de lune sur le fleuve

Doucement la brise sur le fleuve se lève,
Tristement les arbres près du lac frissonnent.
Je monte sur la proue par la belle nuit calme.
On étale les nattes et la barque légère s'élance.
La lune suit la fuite des monts sombres,
L'eau s'écoule avec le ciel bleu,
Aussi profonde qu'inversement le Fleuve céleste.
Rien n'est visible, sinon l'ombre mêlée de l'arbre et du nuage.

La route du retour est longue, longue ;
L'immensité du fleuve est triste, triste.
Je suis seul, les fleurs d'orchidée s'effacent,
Le chant du pêcheur rappelle ma tristesse.
Le détour escarpé dérobe le rivage en arrière,
Le sable clair signale un écueil par-devant.
Je pense à vous, Seigneur, que ma vue n'atteint plus
Et le regard perdu au loin, médite mon regret.

L'immortel de Yûn-tchén

A Yûn-tchén l'Homme Véritable
Parfois monte à la cime de Floraison suprême.
Dans le matin clair il bat le tambour céleste ;
Bondit sur les dragons de l'ouragan,
Joue avec la foudre qui n'arrête pas sa main,
Marche sur les nuages sans trace de chemin ;
Et fait ouvrir la porte de cette maisonnette
Où la Reine d'Occident s'avance à sa rencontre.

Regret

Entrée au palais à quinze ans,
Visage en fleur, sourire de printemps,
Le prince a choisi une beauté,
Gardien de ma chambre aux paravents d'or,
Veilleur de l'oreiller par les tendres soirs de lune,
Ma robe enroulée au gré de son désir,
Est-il possible que Tchào l'Hirondelle-au-vol
M'ait ravi sa faveur pour mon désespoir ?
La profonde douleur est blessure,
Les tempes fraîches sont flétries,
Et la déception d'un matin
Fait du monde entier un désert.
Étoles de cygne données pour une coupe de vin.
Robes oublieuses de la danse de l'aigle ou du dragon.
Amertume et froideur qui défient les paroles.
Pour vous je chante sur ce luth :
Le cœur se fond, et la corde se brise,
Toute la nuit le chagrin me tourmente.

La source

Je regrette le déclin de ce soleil couchant,
J'aime la pureté de cette source glacée.
A l'éclat du couchant je suis le fil de l'eau,
Et laissant jusqu'à nous s'envoler ma pensée,
Je chante vainement la beauté de la lune au milieu des
[nuages.
La chanson terminée, les sapins la prolongent.

Questions à la lune

Au ciel bleu depuis combien de temps se montre-t-elle ?
Déposant ma tasse de vin, je veux t'interroger.
Monter jusqu'à la lune est impossible aux hommes,
Mais quand l'homme chemine, la lune l'accompagne.
Blanche comme un miroir volant, elle s'incline sur le pavillon
[de cinabre,
Cependant voici les ténèbres qui montent de la mer.
La clarté va-t-elle disparaître parmi les nuages ?
Les hommes d'aujourd'hui ne voient pas la lune de jadis.
La lune d'aujourd'hui éclairait les hommes de jadis.
Les hommes de jadis, ceux d'aujourd'hui sont comme une
[eau courante,
Tous aperçoivent la lune et pour chacun elle est pareille,
Mais le vin est versé, il est temps de chanter
Devant l'image de la lune qui brille en la coupe d'or.

Yang pan-eul

Vous, vous qui chantez le Yang pan-eul.
Et moi, votre servante, je vous invite à boire
Le vin de Sin-fong.
Comme ils s'intéressent à nous près de la porte blanche,
Les corbeaux croassant sur les saules pleureurs !
Alors qu'ivre chez moi vous demeurez.
Du brûle-parfum de Pou Chan s'élèvent deux rubans argentés
Qui s'entrelacent et se mêlent et montent jusqu'au ciel.

Dernier poème

Les petites vagues brillent au clair de lune
Qui change en argent le vert limpide de l'eau.
On croirait voir mille poissons accourir à la mer.

Je suis seul dans mon bateau qui glisse le long de la rive.
Avec les rames j'effleure de temps à autre l'eau
La nuit et la solitude m'emplissent le cœur de tristesse.

Mais voici une touffe de nénuphars
Avec ses fleurs semblables à de grosses perles.
Je les caresse doucement de mes rames.

Le frémissement des feuilles murmure avec tendresse.
Les fleurs inclinant leurs petites têtes blanches
Ont l'air de me parler.

Les nénuphars veulent me consoler mais déjà
A les voir j'avais oublié ma tristesse.

Chasse

Les enfants de la frontière,
Toute leur vie, ignorent les livres.
Ils ne savent que chasser, fiers d'être souples et agiles.
En automne leurs chevaux barbares deviennent gras, il leur
[faut des herbes.
Alors ils montent en selle, la silhouette hautaine et dédai-
[gneuse.
Leur fouet d'or effleure la neige, leur fourreau craque,
Ivres à demi, rappelant leur faucon, ils s'en vont au loin dans
[la campagne.
Ils tendent leur arc qui s'arrondit presque et jamais ne
[manquent leur but.
Une flèche siffle, deux grues noires tombent ensemble.
Au bord des lacs ceux qui les voient sont épouvantés,
Car leur férocité et leur bravoure emplissent le désert.
Enfermé jusqu'à la vieillesse derrière des rideaux,
Comment le lettré vaudrait-il le cavalier !

Le grenadier de la fenêtre Est de la voisine

Sous la fenêtre Est de la Dame de Lu
Est un grenadier que chacun trouve rare.
Le corail reflété par l'eau verte
Ne peut égaler son éclat.
Son parfum subtil s'en va dans le vent
De beaux oiseaux au soir y reviennent.
Je voudrais être sa branche sud-est
Qui se berce et frôle sa robe de soie.
Même si elle ne voulait me cueillir,
Je lèverais ma tête vers sa porte d'or.

Les corbeaux croassent le soir

Nues jaunes sur le mur de la ville ; les corbeaux vont se
[percher,
Volant vers leur nid, croassant sur les branches,
À son métier une fille de Ts'in Ch'uan qui tisse un brocart
Murmure derrière le voile bleuâtre de sa fenêtre.
Arrêtant sa navette, tristement elle pense à l'absent.
Elle s'endormira seule dans la chambre vide et ses pleurs
[tombent en pluie.

Aux moineaux des champs

Ne volez pas avec les martins-pêcheurs de Yenchow
Ne vous perchez pas près des hirondelles du palais de Wu.
Si le palais prend feu, vos nids seront brûlés,
Et vous serez pris au filet avec les martins-pêcheurs.
Volez seuls sous les roseaux,
Même l'aigle et le faucon ne pourront vous atteindre.

Veillée amicale

Pour laver les vieux chagrins,
Il faut boire mille flacons.
Les beaux soirs sont faits pour les paroles pures,
La lune blanche doit interdire le sommeil.
Ivres, nous coucherons dans la montagne vide,
Ciel et terre nous serviront de couverture et d'oreiller.

La chanson de Hsiang Yang

Le soleil va disparaître à l'ouest du mont Hsien.
Mon bonnet blanc de travers, me voici gris sous les fleurs.
Les petits garçons de Hsiang Yang frappent dans leurs mains
Et chantent dans la rue l'air de « Pai T'ung T'i ».

— De quoi riez-vous, leur demande-t-on ?
— Nous rions de ce vieillard ivre mort.

Ma louche à vin a la forme d'un héron,
Ma coupe celle d'un perroquet.
Cent ans c'est trente-six mille cinq jours,
Il faut vider chaque jour trois cents coupes.
Au loin voici l'eau de la Han verte comme une tête de canard
Et toute pareille au vin de vigne qui fermente.
Si cette rivière se changeait en vin de printemps,
On pourrait de son dépôt faire une haute terrasse.
Alors pour un cheval de mille onces d'or j'échangerais ma
[jeune concubine,
Ivre sur ma selle, je chanterais « Les Fleurs de Prunier
[Tombées ».
Contre ma voiture je suspendrais un flacon de vin
Et j'avancerais au son du Sheng et de la flûte.

Regretter le chien jaune[54] dans la ville de Hsien Yang
Ne vaut pas de vider sa coupe au clair de lune.

Ne voyez-vous pas
La stèle du duc Yang de Tsin
Décrépite et envahie de mousse
Mes larmes ne peuvent couler pour lui,
Pour lui je ne puis m'attrister.
Nul besoin d'argent pour la fraîche brise et la brillante lune,
Personne ne m'a poussé mais je tombe ivre.
— O louche de Hsuchow, ô pot à réchauffer le vin !
Je veux vivre et mourir avec vous.
Où est le lac Yun Meng du roi Hsiang ?
Ses eaux s'écoulent vers l'Est au cri des singes nocturnes.

Pensée de printemps

Aux passes du Nord
      pointent timidement
      les pousses des herbes ;
Dans le Sud,
      les branches des mûriers
      ploient déjà
      sous le feuillage vert.
Je sais que tu rêves au retour.
Et moi, tristement je regarde
      vers le Nord.
Brise du printemps,
      je ne te connais guère,
Comment oses-tu te glisser
      derrière le rideau soyeux
      de mon lit ?

Dans la montagne de l'Est

Dans ma montagne de l'Est,
      je n'ai pas été
      depuis des années...
Combien de fois
      ont fleuri sans moi
      les roses sauvages
Et disparu au loin
      les nuages blancs ?
Lune argentée,
      derrière quel toit
      t'es-tu abritée ?

La rivière transparente de Hsin

La rivière de Hsin
    est tellement pure,
    que cela purifie le cœur
    de la regarder.
On ne peut guère la comparer
    aux autres fleuves.
Je me demande
    quel est le secret
De sa pureté.
Si un homme marche sur la rive,
    on dirait qu'il traverse
    un miroir lumineux,
Si un oiseau la survole,
    on dirait qu'il passe
    au-dessus d'un écran de cristal,
Et pourtant, quand au crépuscule
    retentit le cri des grues,
On sent tout de même la nostalgie
    du voyageur solitaire.

En mémoire de Monsieur Ki
qui faisait une si bonne eau-de-vie

Mon vieux Ki, je suis sûr
    que tu continues
À faire ton eau-de-vie,
    même avec le riz
    du pays des ombres.

Mais Li Po
    n'est pas là,
        où tu es aujourd'hui...
À qui vendras-tu
    et qui boira
        ton eau-de-vie ?

Souvenir

Quand elle était là,
    c'était comme si la maison
    débordait de fleurs.
Aujourd'hui ne reste
    qu'une chambre vide.
Les couvertures brodées,
    enroulées sur son lit,
    jamais personne
    ne les a touchées.
Après trois ans
    elles exhalent encore
    son parfum délicat.
Si loin de moi,
    et pourtant toujours là,
Toujours là,
    mais jamais de retour...
Les feuilles mortes
    descendent en tourbillons,
Je pense à elle,
    rosée blanche
    sur la mousse verte...

À Mong Hao-jan

J'aime le maître Mong ;
L'univers reconnaît sa noble insoumission.
À l'âge des joues roses, il fuit char et bonnet ;
Au temps des tempes grises, pins et nues l'ont bercé.

Enivré de lune, il s'adonne au vin des sages ;
Éperdu de fleurs, il brave l'ordre des princes.
Qui pourrait contempler le sommet des sommets ?
Inclinons-nous devant son pur parfum.

En contemplant le mont des Portes du Ciel

Le Fleuve fracture les Portes du Ciel
Où s'inverse le cours de ses flots de jade.
Aux deux rives les parois bleues se défient :
Une voile solitaire sort du soleil.

Descente à Kiang-ling

Aux nuées de couleur quitter la ville à l'aube.
Mille lis en un jour pour regagner Kiang-ling.
Sur les deux rives sans répit les singes crient :
Déjà mon esquif a franchi dix mille montagnes.

Au mont Lou,
je contemple le pic des Cinq Vieillards

Au midi du Lou-chan, émergent cinq vieillards
Découpant dans le bleu des lotus couleur d'or.
Splendeur des Neuf Rivières, je pourrais t'embrasser —
Construire ici mon nid, dans les pins et les nues !

Promenade sur le lac de la Caverne

Nuit d'automne où la brume s'absente :
Le courant nous porte jusqu'au ciel.
Sur le lac, la lune nous fait crédit :
Accostons aux nuages pour acheter du vin !

Jour d'été dans la montagne

J'agite, nonchalant, mon éventail blanc ;
Mon corps va nu par la verte forêt.
J'accroche ma coiffe au rocher —
Le vent des pins coule sur mon crâne.

Les noix blanches

Sur des manches de soie rouge,
 elles captent le regard,
Mais disparaissent aux yeux
 sur un plat de jade blanc.
On croirait voir un vieux moine
 interrompre ses prières,
Poser devant ses poignets
 un chapelet de cristal.

Le mont du Mandarin de Cuivre, poème après l'ivresse

J'aime la joie du Mandarin de Cuivre.
Mille ans j'y resterais, dans l'oubli du retour.
Dansent et tournoient mes manches
Jusqu'à effacer les pins des cimes !

Assis seul en face du mont King-t'ing

Le haut vol des oiseaux a pris fin.
Seul un nuage lambine.
Nous nous contemplons sans être différents —
Il n'y a que le mont King-t'ing !

Chanson aux approches de la route

Le grand Phénix a pris son vol — ébranlant l'octuple
[univers[55];
Mais au cœur du ciel il défaille — ses forces ne le
[soutiennent plus.
Le vent qu'il laisse stimulera — dix mille générations ;
Naviguant vers le mûrier solaire — il pend sa manche à un
[rocher.

Chant sur le fleuve

Rames de magnolia, bateau de sorbier,
Flûtes de jade, flûtes d'or, à l'avant, à l'arrière,
Pichets de bon vin placés au centre... mille mesures
Transporter des courtisanes, suivre ses penchants au gré des
[flots... partir ou rester
Les Immortels ont attendu de monter leurs grues jaunes,
L'hôte de la mer, sans pensées, suit les mouettes blanches
Paroles de Ch'ü P'ing, poème du Soleil et de la Lune
[suspendus
Des terrasses et belvédères des rois de Ch'u... vide des
[coteaux et des montagnes
Inspiration, ivresse... le pinceau s'abaisse, secouant les cinq
[monts sacrés
Le poème achevé, l'insolence du rire dépasse les ermitages
Mérite et renom, richesse et noblesse, je vous estimerais si
[vous duriez,
De même il faudrait que les eaux du Han coulent vers le
[nord-ouest...

Offert à une belle qui monte le chemin

Le cheval blanc avance fièrement, foulant les fleurs tombées
La cravache pend, droite, effleurant le carrosse des cinq
[nuages
La belle personne soulève le rideau de perle et d'un sourire
Montre du doigt au loin la maison rouge : « c'est ma
[demeure [56] ».

Les barbares bodhisattva [57]

Forêt paisible, silencieuse, comme de brumes tissées
Montagne froide, toute la région, verte et désolée [58]
Des teintes obscures pénètrent la maison élevée
Quelqu'un à l'étage, affligé...
Sur le perron de jade attendre debout en vain
Les oiseaux passent la nuit et en hâte s'envolent, retour-
[nent...
Quel lieu est-il conforme au voyage du retour ?
Et les gîtes éloignés succèdent aux gîtes proches [59]...

Le marchand voyage

Le voyageur de la mer par les vents du ciel
Embarquera vers des expéditions lointaines
Comme un oiseau dans les nuages
Vers l'Unité sans laisser de traces

Pensée d'une nuit calme

Devant le lit brille le clair de lune
On dirait du givre sur la terre
Je lève la tête et regarde la lumière de la lune
Je baisse la tête et me souviens du vieux pays natal

A propos du temple
au sommet de la montagne

En passant la nuit au sommet du temple des cimes
Levant la main, palpant les étoiles et les astres
Ne pas oser parler à haute voix...
De peur d'effrayer les êtres éminents du Ciel [60]

En montagne avec un ermite,
buvant ensemble

Deux hommes face à face trinquent, les fleurs de montagne
                                                                       [éclosent
Une coupe, une autre, une autre encore...
Ivre, j'aspire au sommeil, c'est le moment de partir [61]
Demain matin, si tu veux, reviens avec ton luth

Question et réponse dans la montagne

On me demande pour quelle raison j'habite la Montagne
[Verte [62]
Je ris alors sans répondre, le cœur naturellement en paix [63]
Les fleurs de pêcher [64] s'éloignent ainsi au fil de l'eau
C'est un tout autre monde que parmi les hommes [65]

NOTES

1. Ce bouddhiste se brûla sur le mont K'in-hoa afin d'être maître de sa pensée dernière et réaliser son passage d'une vie à l'autre. La mythologie chinoise le considéra comme Immortel.
2. En revanche, celui-ci devint Immortel dans ce monde-ci, sans changer de corps. Alchimiste-herboriste, il aurait vécu plus de mille ans. Le Pong-laï est une montagne mythique où demeurent les Immortels.
3. Peuplade mongole.
4. Quand Sirius était clair, cela annonçait la guerre.
5. Dans l'ancien système, un li = 576 mètres. Quant à l'expression « dix mille », elle signifie toujours un très grand nombre indéfinissable et englobant. Par exemple, « dix mille êtres » veut dire toutes les créatures et les choses du monde.
6. Ce prince, poète du IIIe siècle, était le troisième fils de l'usurpateur Ts'ao Ts'ao.
7. Autre version : ce chant serait un air de luth intitulé « vent dans les pins » attribué au poète Hsi K'ang, dont il a été question d'ailleurs dans l'Introduction.
8. Sur le fleuve Bleu, cette crique (« Sables du Grand Vent ») était à quelques jours de la capitale.
9. Source-de-vin *(chiu ch'üan)* est le nom d'une ville ayant une eau de source de la saveur du vin.
10. Trois coupes de vin se suivaient toujours lorsqu'on buvait chez les Chinois ou les Mongols et ce n'est pas un hasard si « trois » est un multiple de « neuf », nombre sacré en Extrême-Orient. Quant au « bonheur suprême » il s'agit plus précisément du grand Tao.
11. C'est le gouverneur qui demande à la belle de le suivre.
12. Le roi de Yue la fit venir à sa cour et l'éduqua avant de l'envoyer au roi de Wu. Elle devint sa concubine mais, négligeant les affaires du royaume, le roi de Wu fut vaincu par le roi de Yue...

Notes

13. C'est la fille de l'Empereur Mou Kung du royaume Ch'in (Qin).

14. L'homme au cœur noble c'est, littéralement, l'homme *(jen)* parfait *(chih)*, le Sage qui apprécie le fait de « cacher son éclat » *(t'sang hui)*... Voiler ses lumières est une attitude typiquement taoïste. « Verser sans jamais remplir, puiser sans jamais épuiser, et ne pas même savoir pourquoi, voilà ce qu'on appelle « cacher la lumière », disait Chuang Tzu (Gallimard, 1969, p. 41-42). Ce qui correspond à l' « obscurcissement de la lumière » (36e hexagramme du *I Ching*), cet avantage de la difficulté employée par le roi Wen ou encore Ki Tzu... Et le grand Livre des Transmutations interprète l' « image symbolique » : « Le Sage guide les hommes en voilant ses lumières tout en rayonnant. » Comme disait Lao Tzu : « En s'exhibant on n'éclaire pas » (chap. 24). Cette attitude taoïste s'oppose au confucianiste qui (Lao Tzu, chap. 27) s'empare frauduleusement de la lumière *(hsi ming)*...

Dans le poème de Li Po, il est ensuite question de la rencontre de l'auteur avec un pêcheur. C'est une référence au dialogue entre Ch'ü Yuan (IVe-IIIe siècle), poète et ministre exilé, et un pêcheur rencontré au bord d'un fleuve. Notre poète immortel finit sur une ouverture métaphysique : union taoïste dans le Retour. Souvenons-nous aussi du 52e chapitre de Lao Tzu : « utiliser la Lumière en la retournant à sa source ». N'est-ce pas là « adhérer à la pérennité » de la Voie ?

15. Sieh T'iao (464-499) était un poète calligraphe et haut fonctionnaire sous les Ch'i. Dans « Je monte le soir sur le mont San... » il décrit la tristesse de la séparation lors d'un joyeux banquet d'adieu offert au voyageur.

16. Avoir les « cheveux libres », garder les « cheveux épars » est une « attitude de deuil, mais aussi de danseur, de sorcier, voire d'Immortel : elle exprime la renonciation aux limitations de la destinée individuelle, ou de l'ordre social » (Pierre Grison, *Le Hong-Fan*, Imprimerie Saint-Michel, 1981, p. 4). C'est pourquoi les cheveux défaits symbolisent « que l'on se suffit à soi-même et ne désire rien de l'extérieur » (Isabelle Robinet : *Méditation taoïste*, Dervy, 1979, p. 61). D'ailleurs dans l'idéogramme Tao, outre la représentation des pieds *(ch'o)*, le caractère qui reste, *shou*, signifie « tête chevelue » (essentiel, souverain). En Occident, l'ancêtre mérovingien Chlodion « le Chevelu » insistait sur la longueur des cheveux en tant que marque de liberté, aux heureux temps traditionnels du paganisme.

17. Li Po vibre ici avec Vénus, la très blanche *(t'ai po)* qui a présidé à sa naissance et lui a donné son nom. « Voir l'étoile brillante au loin » *(t'iao t'iao chien ming sing)* indique l'étoile lumineuse *(ming*

hsing), la planète brillante Vénus, et le terme « voir » *(chien)* signifie autant « apercevoir » physiquement que « percevoir » spirituellement... Voir, c'est connaître.

18. Dominique Hoisey rapporte : « Le Bœuf Jaune est le nom d'une montagne du district de Yichang au Hubei. Un vieux chant populaire dit : " Un matin apparaît le Bœuf Jaune, le soir le Bœuf Jaune prend son gîte. Trois matins et trois soirs. Le Bœuf Jaune est comme au commencement " » (Arfuyen, 1984).

19. Dans la métaphysique astrale, un certain nombre de sphères planétaires ou célestes s'échelonnent dans l'espace. En Chine, le Ciel se divise en neuf étages (et la Terre en neuf sources).

20. Le *ch'in* est une sorte de luth à cinq ou sept cordes.

21. Voir note 7.

22. Il s'agit de Ke Yu (XIIe siècle avant notre ère).

23. A une vingtaine d'années Li Po gravissait le mont Omei... Vingt ans plus tard il grimpait sur le Tai shan, l'une des cinq montagnes sacrées.

24. Selon l'un des contes extrêmes-orientaux les plus connus, la Tisserande, fille du Ciel, amoureuse d'un Bouvier terrestre, fut séparée de lui par « le Fleuve céleste », la Voie lactée,... C'est l'occasion de célébrer une grande fête le septième jour du septième mois.

25. Ho Che chang était ce vieillard haut fonctionnaire à la Cour de l'Empereur Hsüan Tsung. Buveur et poète, il était un grand ami de Li Po.

26. Il s'agit d'un ermite taoïste chez qui Li Po demeura quelques mois.

27. Le neuvième jour de la neuvième lune a lieu la fête de l'automne, celle du « double *Yang* » (le 9 représentant le principe masculin). C'est la fête des poètes où l'on boit un mélange de vin (alcool de riz) et de pétales de chrysanthème qui symbolisent l'automne et la longue vie.

28. Le Fleuve céleste *(T'ien he)* est la Voie lactée.

29. Il s'agit de Wu Yun, un lettré taoïste qui, ami d'une sœur de l'Empereur, était à l'origine du départ de Li Po vers la capitale.

30. La grue, monture des Immortels, est un symbole de longue vie tout comme le phénix, androgyne oiseau de cinabre. Li Po n'est-il pas « un Immortel banni sur terre » ?

31. Cette mélodie sur les modes « pur et paisible » est le fameux poème qui provoqua la disgrâce de Li Po.

32. Nuée (ou nuages) et pluie *(yün yü)* : expression désignant les rapports sexuels, les nuages vaginaux étant au féminin ce qu'est la pluie-sperme au masculin.

Notes

33. Chao « Fei Yen » était cette grande favorite d'un empereur des Han au Ier siècle avant notre ère. Elle était si fine qu'elle pouvait danser dans la paume d'une main...

34. Cet arbre symbolise le crépuscule et porte dix soleils.

35. Les Huit Coins sont les huit directions cardinales et collatérales.

36. Le dieu du Ciel.

37. Cette suprême simplicité, paradis des Immortels, est assimilée au *Tao*.

38. Ch'iung Chiang est un nectar d'immortalité.

39. Long vent *(ch'ang feng)* signifie « bon vent » en français...

40. Ce poème s'adresse à la quatrième femme de Li Po. « Li-s'élève-dans-le-vide », fille d'un premier ministre, se retira dans un « couvent » taoïste, au lieu-dit des « Paravents ».

41. L'argus *(luan)* est un faisan mâle qui symbolise le bonheur conjugual.

42. Lung yün : « dragon nuager »... Traduction plutôt lourde (pour les besoins de la rime ?). Cela sous-entend que le dragon est lui-même caché ou à cheval dans les nuages comme le représente l'imagerie chinoise.

43. Cette route de Ch'in (le Chensi d'aujourd'hui) dans le pays de Chou — ou *Shu* — (le Szechwan) où Li Po a vécu sa jeunesse.

44. Deux souverains mythiques.

45. Dans les temps mythiques, un roi de Ts'in offrit ses cinq filles comme épouse au roi de Chou et cinq héros servirent d'escorte. Ceux-ci rencontrèrent un serpent démesuré et en le tirant par la queue la montagne s'écroula sur ces hommes forts dont il ne resta que cinq pics.

46. Un ancien souverain métamorphosé en coucou. Cet oiseau, « âme du pays de Chou », signale les périodes des travaux agricoles (coucou, *pu ku* : céréales rangées). Son cri attriste les voyageurs...

47. Le T'ien Mu Shan est une des montagnes sacrées du taoïsme, un lieu de séjour des Immortels.

48. Une des trois îles mythiques de la mer Orientale.

49. Constellation du Cocher.

50. C'est le poète Hsieh Ling Yün (385-433) qui chaussait des sabots, portant des crampons pour monter et d'autres pour descendre...

51. Il y a des âmes supérieures *(hun)* de principe *Yang* et des âmes inférieures (p'o) de principe *Yin*. Les traducteurs adoptent « esprit » et « âme » et « sens » pour des significations qui ne donnent rien en français. Retournons plutôt au 10e chapitre de Lao Tzu : « Peux-tu embrasser l'Unité sans désunir tes âmes supérieure et inférieure ? »

52. Symbole de longévité, le cerf blanc (comme la grue) est une des montures des Immortels.

53. C'est un des premiers poèmes de Li Po. Le Tai T'ien Shan (mont coiffé du Ciel) se situe dans le nord du Szechwan.

54. Le premier ministre de Li Se de Ch'in, avant d'être décapité, avait dit à son fils : « Nous ne pourrons plus avec notre chien jaune chasser les lapins. »

55. L'octuple univers (*pai i*) indique les directions : les « huit extrémités » ou « frontières du monde ».

56. *Hung lou* (maison rouge) désigne soit une maison de riches, soit un bâtiment de femmes (mais pas un lupanar). Ce gynécée est sans doute un pavillon de concubine *(ch'ieh)* car le vers finit ainsi : « C'est ma demeure de concubine. » Autrement dit, *shih* (c'est) *ch'ieh* (concubine) *chia* (maison). Néanmoins *ch'ieh* se disait aussi « servante » (n'est-ce pas l'ancienne formule de politesse : « moi, votre humble servante » ?). La plupart des traducteurs ont résolu la difficulté en omettant de traduire *ch'ieh*, ce qui arrange tout... Je sacrifie à la règle sans dissimuler le problème.

57. *P'u sa* désigne dans le bouddhisme le Sage compatissant (bodhisattva en sanscrit, littéralement : connaissance suprême — *Bodhi* — de la pure réalité — *sattva*), mais la déformation populaire représente des divinités bouddhistes sous le nom de « poussah ». Les Man étaient une population hors des frontières sud de la Chine, considérés, comme tous les étrangers, comme des « barbares » non civilisés. *P'u sa man* est un titre de mélodie sur laquelle on écrivait des poèmes chantés. Si l'on a appelé ces barbares « bodhisattva » c'est sans doute à cause de leurs coiffes qui ressemblaient à celles des reproductions de saints bodhisattva...

58. *Shang hsin*, littéralement : cœur brisé (correspondant à notre expression « fendre le cœur »).

59. Il s'agissait de « kiosque », sorte de refuge pour voyageurs. Ces deux derniers vers jouent sur deux plans. Au niveau de la réalité immédiate du voyage extérieur d'une part et, d'autre part, il est fait allusion à un autre « retour » sans lieu ni refuge : la mouvance même du *Tao* comme l'a bien exprimé Lao Tzu en son quarantième chapitre...

60. *Shang jen* (homme supérieur) désigne le saint chez les bouddhistes. Ces êtres sont vus ici comme de nature céleste *(t'ien shang jen)*.

61. Littéralement : je suis ivre, j'ai envie de dormir, nous sommes sur le point de nous séparer.

62. « Vert » *(pi)* est parfois traduit par « bleu », comme par exemple dans le titre du célèbre ouvrage *Ch'an* (qui demanderait à

Notes

être enfin traduit en français), le *Pi yen lu* (Recueil de la Falaise Verte). En fait il s'agit de la couleur « bleu-vert » d'une pierre ressemblant au jade, bien souvent la néphrite *(yü)* d'un vert plus foncé que le jade. « Tige de néphrite » est d'ailleurs employé comme « tige de jade » pour désigner le phallus.

63. *Hsin :* cœur et esprit ont même idéogramme (voir ma traduction du *Hsin Hsin Ming*, supplément à *Révolution intérieure*, n° 4, 1986).

64. La pêche *(t'ao)* est un symbole nuptial de longévité. C'est pour cela que Li Po, par contraste, signale ce fruit d'immortalité qui diffère du monde des mortels évoqué au vers suivant. Li Po se réfère aussi à « L'histoire de la source aux fleurs de pêcher » de Tao Ch'ien (365-428) : dans la forêt un homme pénètre, à travers une source, dans un autre monde où les êtres connaissent le bonheur. Et, par ailleurs, il est bien connu que la source de pêcher évoque le vagin... « Le délire de fleurs de pêcher » correspond aux désirs des jeunes filles lors de la puberté, « les vertes fleurs de pêcher » indiquent les rendez-vous des amants, etc. Lire Wolfram Eberhard : *Dictionnaire des symboles chinois* (Seghers, 1984, p. 264).

65. Littéralement : Il est un autre ciel, une autre terre...

ÉDITEURS ET TRADUCTEURS

« Un poème chinois ne se peut traduire » (*Un barbare en Asie,* Gallimard, 1986, p. 161), écrivait le poète Henri Michaux qui a si bien perçu la subtilité des habitants de l'Empire du Milieu.

Afin de montrer les différents styles de traductions (disponibles en librairie) et aussi pour tenter de sauvegarder, par cette observation plurielle, l'esprit poétique, j'ai réuni ici des poèmes écrits par divers traducteurs (en respectant leur choix de romanisation).

Nous remercions donc les éditeurs suivants :

Champ Libre : *Poésies de l'époque des Thang* (1977), traduction du marquis Hervey-Saint-Denys, p. 83.

La Baconnière : *Les Lettrés chinois* (1977), traduction de Georgette Jaeger, p. 83 à 89.

Société des éditions culturelles internationales : *Anthologie de trois cents poèmes de la dynastie des Tang* (1987), traduction de Georgette Jaeger, p. 89 à 91.

Éditions Comp'act : *Poèmes à chanter Tang & Song* (1988), traduction de Yun Shi, adaptation de Jacques Chatain, p. 91.

Librairie Séguier : *Poésie chinoise* (« Vagabondages » n° 48, 1983), traduction de François Cheng, p. 92.

Seuil : *L'Écriture poétique chinoise* (1977), traduction de François Cheng, p. 93 et 94.

Arfuyen : *Parmi les nuages et les pins* (1984), traduction de Dominique Hoisey, p. 95 et 96.

Albédo : *Li Bai, poèmes* (1985), traduction de Dominique Hoisey, p. 96 et 97.

Moundarren : *Li Po, l'Immortel banni sur terre, portrait et poèmes* (1984, 1985), traduction d'Hervé Collet & Cheng Wing Fun, p. 97 à 109.

Gallimard : *Vacances du pouvoir* (1983), *Li Bai. Florilège* (1985), traductions de Paul Jacob, p. 109 à 111.
Connaissons-nous la Chine? (1964), traduction d'Étiemble, p. 112.
Anthologie de la poésie chinoise classique (1982), traductions de Leang P'ei-tchen (p. 112), Tchang Fou-jouei (p. 114 à 117), ainsi que le traducteur anonyme (p. 29 dans notre premier chapitre).
Trésors de la poésie universelle (1986), traduction de L. Laloy (p. 117 à 119) et de Sung-Nien Hsu (p. 120).

Marabout Université : *La Poésie chinoise* (1966), traduction de Patricia Guillermaz, p. 121 à 123.

Ferdinand Stoces : *Signes immortels* (1987) p. 124 à 126.

Albin Michel : *La montagne vide* (1987), traductions de Patrick Carré et Zéno Bianu, p. 127 à 129.

L'Asiathèque : *Poèmes chinois d'avant la mort* (1984), traduction de Paul Demiéville, p. 130.

Daniel Giraud : traduction des huit derniers poèmes, p. 130 à 133.

SUR LES TRACES D'UN SANS-TRACE...

Le voyageur est en route « vers l'unité sans laisser de traces », écrit Li Po... Premier paradoxe taoïste : je ne suis pas sur les traces de Li Po et Li Po n'est pas un sans-trace. Il n'est pas un Sage et je ne suis pas un pèlerin. Mais tous deux nous n'avons pas passé d'examens. N'est-ce pas une façon de ne pas laisser de traces ?

Inutile d'être à l'affût d'indices pour suivre une piste quand il n'y a rien à atteindre. Lao Tzu n'a pas laissé d'empreintes comme le Bouddah l'a fait. Il n'y a pas de signal d'alarme ou d'éveil, pas de sémaphore pour un « corps de nourriture » en détresse, pas de naufrages et pas de rescapés, pas de mérites à accumuler. Donc pas de traces à suivre. L'ombre ne boit pas... Et qui s'astreint à ne pas laisser de traces marchera sur l'ombre du passé. Pour moi, Li Po n'est ni passé ni à venir.

En chinois, si l'on redouble le caractère « trace » *(chi)*, cela signifie errer comme une âme en peine *(chi chi)*... tant il est vrai que plus l'on suit des traces extérieurement, plus l'on s'égare intérieurement. Li Po n'a pas à être un exemple à suivre... Il y a d'autres indices à percevoir, d'autres parfums à flairer, d'autres réalités à pressentir...

Ainsi je rencontre des lieux, en particulier des montagnes... Comme si je discernais certains échos en tendant l'oreille. En quête d'une bouffée de poème, sans doute, mais sûrement pas d'histoire ! Les pensées coulent sur la rivière. Penser que l'on ne se reverra plus. Mirages de souvenirs... Amis, femmes et enfants laissés. Où vas-tu maintenant ? Toujours plus loin... Pour ne plus ressentir la durée, pour ne plus avoir d'attaches, pour épuiser les plaisirs sans faire de courbettes... « Hâtons-nous de jouir ! » chantait Li Po.

En verve il lançait son cheval et tirait son épée. Il tendait son arc au-delà de l'Empire qui craquait. En plein « milieu » : belle cible ! Et il grimpait avec insouciance vers le Neuvième Ciel... Chevauchant la brume, l'avalant par effluves, s'envoler en randonnée céleste et percer du regard ce qui ne se laisse pas voir. Cœur dilaté, montagnes ensoleillées... Ciel contemplé, accordé au Tao. Nous sommes comme le cri des singes quand les fleurs de pêcher flottent au fil de l'eau, au bord du ciel. Éclat de rire banni sur terre ! Immortel du vin !

À Canton, chez un marchand d'alcool je me plante devant l'idéogramme du vin « jiu »*... forme évocatrice de la bouteille. Puis j'achète deux bouteilles différentes. Il s'agit d'alcool à trente degrés et plus, dont l'un à base de riz. Est-ce ce fameux vin que Li Po apportait aux ermites ? De mon côté, je préfère les bons petits vins cuits, blancs ou rouges, vins chinois sucrés... Ou encore la bière, cette fameuse « *pitio* ».

Li Po est-il passé par le monastère « Guoqing si » où un autre poète venait rire, Han Shan, clodo du Dharma. Han Shan y retrouvait son compère Shih Te... Ici même au pied des montagnes je suis hébergé par les moines de la secte Tiantai. Terrasses du Ciel, pinèdes et cigales... Dans la chaleur torride de juillet, monter et descendre des sentiers. Le poète avait-il vu cette tour à l'entrée du monastère ? Aujourd'hui envahie par les herbes elle a traversé bien des dynasties...

---

* Les termes chinois entre guillemets sont ici romanisés en « pinyin ».

Des vieux Chinois s'éventent. Une existence chasse l'autre... Une mouche, un poète, un courant d'air. Par voies et par chemins, par monts et par vaux, courir le monde en brûlant des étapes... Écumant les mers lointaines. De quel côté la passe ? La route est longue... Dériver après maints détours... dure, dure la route ! Elle perdure à perte de vue. Comme le temps. Mais, le chemin perdu, la Voie se trouve pour l'hôte de la montagne...

Je relis le poème de Li Po où, grimpé sur les monts du T'ien T'ai, il contemple l'aube, le cœur accordé au Tao... J'aimerais aussi qu'il me pousse des ailes ! Dans d'autres poèmes il est question du mont Ssu Ming et de ces Dragon Vert et Tigre Blanc ! Symboles de l'Est et de l'Ouest, du Printemps et de l'Automne, du Bois et du Métal... Que de lectures entre les lignes.

Un bon marcheur ne laisse pas de traces, indique Lao Tzu au début de son vingt-septième chapitre... Nul indice de traces de pas. Entre voyageurs on se comprend. Entre dévoyés de la Voie. Avec plus d'ivresse que de sagesse. Plus poète que Sage, sans doute, mais plus poète que lui, tu meurs ! Libre. Libre de ne pas s'efforcer à la Libération...

Il n'y a rien à déduire de l'empreinte d'un pied, est-il écrit à la fin du quatorzième chapitre de Chuang Tzu. L'empreinte des événements ne nous apprend rien de ce que fut la réalité vivante. Et le pied du Bouddha n'a sa place qu'au cul des ignorants, même s'ils ont le crâne rasé...

Vers la fin du premier chapitre de Lieh Tzu il est question de l'inconnaissance que l'on ne peut posséder... Ce qui nous fait marcher sans penser à ce qui nous pousse vers un endroit ou un autre. Ou encore, ce qui nous fait demeurer chez soi sans rechercher un lieu spécial.

En résonance avec ces trois Anciens de la Voie, Li Po était ainsi, avançant ou s'arrêtant selon son humeur, ses élans... Suivant le libre cours de sa nature. Insaisissable. Peu importe le connu et sa sécurité. Avancer

Sur les traces d'un sans-traces

comme Li Po, c'est aspirer à ce qui ne se laisse pas connaître. Avec l'illimité comme limite...

Me voici à « Nanjing », à la recherche d'un poème de Li Po gravé du côté des collines de l'Ouest. Le bus n° 9 m'y emmène et stoppe au mausolée de « Sun Yat Sen » que l'on retrouve partout en Chine. J'évite la foule des touristes chinois et me dirige vers l'observatoire. Marcher en sueur sous la chaleur...

Mais personne ne connaît la tombe du moine Baozhi près de laquelle se trouve, paraît-il, cette stèle de l'époque T'ang où est écrit le poème de Li Po. Après une quinzaine de bornes d'errance, je rentre bredouille mais proche de l'esprit du voyageur Li Po. Qu'importe les époques, le cœur y est.

Voguant sur le Grand Fleuve une nuit de pleine lune... Comme par hasard. Là où le poète se noya en 762. Est-ce toujours la même eau ? À la rescousse Héraclite ! Contemplons l'horizon... Plus l'on s'écarte des problèmes du monde, moins il est nécessaire de se rincer les oreilles... La nuit descend sans que l'on s'en aperçoive et toutes les ombres se fondent dans le vide. Les dragons ont beau faire trembler les forêts et les autorités faire frissonner les troupeaux, l'homme seul est plus libre que le fleuve limité par les berges. De la mer il surgit comme un soleil. D'un seul trait il vide sa coupe et trace un poème...

Me fiant au petit plan chinois des sites du Lu Shan, je pars un matin vers les pics des Cinq Vieux. Un quatrain de Li Po s'y réfère (p. 128). Les pins et les nuages m'y attendent. Dans ma gourde, du vin rouge à la chinoise. Il prend à la tête si l'on en boit trop. Une fois la gourde finie, en songeant à ce sacré ivrogne de Li Po je ne regretterai pas ce léger mal à la tête ni même cette toux due à la poussière des autocars. Ce qui entraînera une crise de fièvre durant la nuit suivante. Et les bronches en capilotade durant plusieurs jours...

Je suis donc parti tandis que les feuilles balayaient la trace des pas. Ensemble, retourner à la source. De loin en loin des oiseaux fendent les nuages. Des pins morts sont accrochés au flanc des falaises. À fleur de vide...

Pour le moment le chemin est heureusement balisé afin de sortir du petit bourg du Lu Shan. Forêt de pins puis route goudronnée qui passe devant un jardin botanique. Elle conduit au sud (j'ai toujours ma boussole dans la poche), à un point de vue impressionnant au pied d'un grand pic. Ici beaucoup de touristes chinois arrivés en autocars. Quelques-uns viennent me serrer la main et me dire quelques mots d'anglais. (Durant toute cette excursion je ne rencontrerai aucun autre Occidental.) Quand ils savent que je suis arrivé à pied, ils lèvent le pouce, admiratifs. Il n'y a pas de quoi, cela ne fait que cinq kilomètres de marche !

Un portique. Quelques Chinois partent vers l'est. Je leur emboîte le pas. Vers les « Cinq Vieux »... Nous redescendons la colline en file indienne. Les Chinois sont partout, devant, derrière... Un petit vieux me tend sa canne pour m'aider à descendre d'un rocher alors que je n'en ai pas besoin... Les Chinois font généralement plus jeunes que leur âge et sont étonnés quand ils apprennent le mien. Il est vrai que ma barbe blanchit légèrement...

C'est le mois d'août et les touristes chinois grouillent de partout. Tout le monde se rafraîchit dans une rivière avant de monter un bon tronçon de route. De nombreux autocars passent à fond la caisse dans une poussière d'enfer. Ils nous frôlent, nous enveloppent d'air irrespirable... Ça tousse.

À la rencontre de l'immortel à cheval sur une chèvre. À l'écoute de la source tout au long des anciens sentiers. Inutile d'attendre les grues. Dans la musique du Fleuve céleste qui tombe, les chevelures se dénouent au rythme du jeu des nuages et de la pluie. Voici les filles aux pommettes rouges qui s'éventent en agitant leur jupe. Avec leurs cuisses aux chairs douces qui s'alanguissent dans l'atmosphère moite.

Apprivoiser les oiseaux, s'appuyer à un pin, soupirs... En écoutant le son d'un luth sans cordes, en aimant les monts sacrés où l'on écarte les nuages, en vidant trois cents coupes par jour! Le son des flûtes s'enroule autour des brumes. Le buveur chante, le voyageur s'enchante.

Arrivés à une plate-forme, c'est le début de la grimpette pour ceux qui sont montés en bus. De nombreuses marches comme dans toutes les montagnes chinoises... J'entends un bourdonnement significatif qui se rapproche lorsque j'avance. Ce sont des troupeaux de touristes chinois agglutinés sur de grands rochers. Je presse le pas...

Vision dantesque. Parois abruptes. Précipices vertigineux. Par bouffées, des flots de brume s'élèvent des ravins. Puis ça se dégage et alors là, le souffle coupé, je contemple les œuvres des peintres anciens. Humant le souffle de Li Po... Par les chemins de pierre et les à-pics dangereux... En longeant les falaises élancées... En traversant les torrents déchaînés.

Sur le versant sud des pins se découpent dans la brume. Tout le monde se bouscule lorsqu'ils émergent du brouillard. Ça photographie à tour de bras. Même sur les grands rochers des marches ont été creusées. À l'époque de Li Po, les rochers étaient les mêmes, les marches en moins. Bien sûr, ce ne sont pas les mêmes pins, tout comme à Bodhgaya ce n'est pas le même arbre sous lequel Gautama le Bouddha vécut son Illumination. Mais il y a toujours des pins qui s'accrochent au flanc des montagnes surgissant des brumes... De tels paysages ne se voient qu'en Chine.

Nous sommes de plus en plus nombreux pour faire le chemin de crête. Ce ne sera qu'un mois plus tard, dans les montagnes taoïstes du « Qinsheng San », qu'il me sera possible de me balader sans rencontrer grand monde... Pour l'instant, nous sommes dans le Lu Shan. Je remarque un rocher où des idéogrammes sont tracés. Il est très en pente et surplombe un vide de plusieurs centaines de mètres. Quelques Chinois intrépides rampent dessus pour se faire prendre en photo par leurs amis. C'est étonnant qu'il n'y ait pas d'accidents. Ils s'agrippent à la paroi rocheuse puis sourient face à l'objectif...

Moi qui suis légèrement sujet au vertige, je m'imagine... Attiré par le vide, y résisterais-je ? Cette attraction-répulsion procure un sentiment étrange. Comme si l'instinct de conservation était remis en question par une pulsion plus qu'humaine. Il n'y a pas de « peur » comme le croient la plupart de ceux qui ne connaissent pas cet état, mais plutôt une angoisse diffuse, un écartèlement entre la vie et le vide... À la fois déplaisant et séduisant.

Mourir aux pics des Cinq Vieux ? Mais je songe à celle que j'aime... Pourquoi défier le sort ? La mort viendra bien assez tôt. Être prêt pour le dernier rendez-vous... C'est avec la chair de poule et un bienheureux malaise que je poursuis ma route. Quelques bouteilles de *pitio* me remonteront facilement...

Un peu plus loin, des bandes de promeneurs se restaurent en mangeant dans ces mêmes boîtes de polystyrène que l'on sert dans les trains. Ici, des porteurs les montent à flanc de coteau, suant sous leurs palanches. Je finis ma « gamelle » assis sur un rocher tout en vérifiant ma route. En fait, le plan chinois où j'avais déchiffré quelques idéogrammes n'est pas à l'échelle. Il sert plutôt de repère...

Nous marchons longuement sur un chemin de crête avant d'atteindre une sacrée volée de marches. Des milliers de marches sous le soleil de midi vont me couper les jarrets et l'envie de rechercher les trois sources qui jaillissent en cascade vers le nord des pics.

Des cascades si hautes que l'on croit voir la Voie lactée chavirer du ciel. Le poète, un pichet de vin dans les fleurs, trace quelques signes... La joie ne dure qu'un printemps. Buvons ! Les singes hurlent et les rapides grondent... Ou plutôt, c'est dans un poème de Li Po. J'évolue dans son pays. Et pourtant, mon corps est chez les contemporains... Qui donc pourrait prétendre connaître celui qui rêve l'autre ?

Une fois en bas, nous nous retrouvons tous dans une

rivière pour nous rafraîchir en un joyeux bourdonnement. Plusieurs gargotes où sont installées des tables sous des bâches... Je n'ai jamais rencontré un peuple qui mange autant que les Chinois. De nombreux autocars sans suspension attendent ici les rescapés de l'excursion. Ils repartent, cahotant sur les pierres du chemin, dans des nuages de poussière. Ce monde moderne et touristique me pèse et je décide de rentrer à pied.

À présent, plus de touristes... Je suis seul à marcher, me dégageant de la poussière des autocars un peu comme les rochers des pics surgissant de la brume. Parfois, je me lave le visage et les pieds dans les rivières. Quelques gouttes de pluie... Mais les nuages passent et je rentre sain et sauf vers les dortoirs du Lu Shan Hotel.

Vendons tout contre du vin de qualité qui aide à ne pas retenir le passé ! À cœur généreux qu'importe la dépense ! Le vent emporte les comptes... Tout disparaît. Et pourquoi pas des poissons dans les arbres plutôt que de regarder le ciel du fond d'un puits... Mais remords et chagrin dévorent le solitaire. La manche qui voltigeait devient bien humide. Ne cesser de pleurer... Hier m'abandonne, aujourd'hui me chagrine. Il me revient des bribes de poèmes. Longs soupirs... Boire, chanter : tout oublier !

De passage à Wuhan. Sur la colline du Serpent se situe un emplacement où de nombreux poètes ont écrit. Le pavillon de la Grue Jaune. Mais ce n'est pas le même pavillon. Il fut incendié au siècle dernier. Si j'avais continué à remonter le Grand Fleuve, j'aurais vu les fameuses Trois Gorges qui séparent la province du « Hubei » de celle du « Sichuan »... L'ancien pays de Shu... Le rocher « Li Taibai ». Mais en quête des derniers taoïstes de la Chine d'aujourd'hui, de Wuhan il s'agissait d'atteindre les brumes du « Wudang San », toit de la Chine centrale, montagnes sacrées du taoïsme religieux, lieux escarpés et mystérieux aux dix mille herbes médicinales...

L'ancienne capitale des T'ang, Ch'ang An, se nomme aujourd'hui « Xi'an ». Le Plaisir du Couchant... Il est bien difficile de s'imaginer ce que pouvait être Ch'ang An à l'époque de Li Po. En Chine il ne reste quasiment plus rien des T'ang. Ce que l'on visite remonte généralement aux Ming, il y a environ cinq siècles, ce qui n'est pas si vieux que ça. Je me demande s'il était si important de faire tout ce détour pour voir « Xi'an » aussi rempli d'étrangers que Shanghai.

Lorsque les vestiges n'ont plus de vie propre, ne sont plus animés par l'existence quotidienne de tout un peuple, alors nous observons des œuvres mortes tout juste bonnes à mettre sous verre pour les touristes des musées, ces fossoyeurs de la culture. On dit que les remparts datent de la fin des T'ang alors qu'ils sont plus récents et bien retapés. Mais je n'y connais rien en architecture et en archéologie... Je ne suis qu'un poète en mal de poésie, fatigué par un voyage éprouvant. Je ne suis qu'un voyageur qui vit à côté d'une ombre, à l'ombre d'un Prunier Blanc...

Et je rêve de... science-fiction. D'une machine à remonter le temps. D'une aventure au pays de la quatrième dimension. Peut-être alors pourrai-je lever ma coupe avec « l'Immortel dans le vin » qui circulait à travers tout l'Empire du Milieu en un temps où les moyens de transport étaient rudes. Devant la bière monte le souvenir de Li Po, pourrais-je dire en m'inspirant du titre d'un de ses poèmes. Un sacré voyageur. Toujours sur le point de partir. Au point de quitter femme et enfants. Et même d'en changer au gré de ses voyages...

Reste à partir vers la ville du brocart tout en voyageant à travers les Neuf Cieux. Je ne sais si mon mouchoir s'imprègne de sueur ou de larmes, de l'eau d'un corps en détresse jusqu'à ce que se retourne la barque de l'ivresse... Jusqu'à ce que les images qui imprègnent ma rétine se renversent. Jusqu'à ce que plus rien ne vienne troubler une vision hors de toute

Sur les traces d'un sans-traces

référence et de tout commentaire. Jusqu'à ce que je ne sois plus moi...

Toucher les étoiles du doigt. Longs soupirs. Larmes en pluie. Au clair de lune les filles du fleuve aiment le vent. Elles chantent en cueillant les nénuphars. Pour qui brillent-elles? En quel siècle? Les filles de Ch'ang An ou les filles de Camaret? Et perle la rosée... Et chantent les amoureux.

Ce sont les sifflements du « pont de la rivière Kwaï » qui me réveillent le matin dans ces « couchettes dures » du train qui roule vers Chengdu. Dans la province où Li Po est né, la brume se lève sur les rizières. Forêts de pins et champs de maïs. À présent, futur chemin des routards... Chengdu-Lhassa Kashgar... Li Po était « beat » avant l'heure. Un grand ancêtre de Kerouac...

« Chengdu »... Parlant des poètes T'ang avec une bande de jeunes. Des piments sèchent sur les toits. Odeurs de chiottes dans la forêt de bambous. Sirotant le jasmin dans une maison de thé. Pour une fois le ciel est bleu... Jouant du blues dans le parc de la poétesse Hsüeh T'ao. Une ancêtre aux petits pieds trottine derrière un bus. Regardant une peinture de Li Po contemplant la lune. L'achetant. La roulant dans mon sac. La peinture avec la lune. Un calligraphe peint avec ses doigts au bord de l'eau. Scènes chinoises de la vie quotidienne...

Tant d'étoiles dans les cieux et tant d'herbes sur terre... Et ce bonze du mont Emei qui joue du luth pour Li Po! Ces escaliers aux milliers de marches qui s'enfoncent dans une démesure verte. De temple en temple... Longeant les torrents. Croisant les porteurs. Transpirant sous la pluie. Toujours dans la brume... Pas de *sunrise* pour les photographes[*]!

Les nuages sont toujours blancs. Parfois bleus. La lune descend en plein vol. Miroir du ciel où le cœur se reflète. Je vois Li Po... La belle se serre, légèrement ivre, contre le voyageur. Le printemps de son cœur...

---

[*] Voir *Randonnée chinoise* (à paraître).

Caché dans les lotus. Aussi parfumés que les nuages. Aussi peu rassuré que le vin dans la gourde du buveur. S'il lui arrive de s'endormir dans les tavernes, il se réveille le bonnet à l'envers. Avec qui trinquer ? Compagnons de boisson, cent poèmes par ivresse ! Dansons ! À l'inspiration !

Son ombre entre la coupe et la lune... Trois en un. Et les « Trois Purs » n'ont qu'à bien se tenir ! Boire jusqu'à ne plus savoir où est son corps. Pas question de blanchir sur les livres car parler de l'ivresse à l'homme sobre, c'est comme parler de la lumière à un aveugle. Si l'on ne peut noyer la tristesse de dix mille générations, on ne peut être que le dernier à vivre.

Dans cette petite auberge d'une merveilleuse montagne taoïste, près du « Qin Sheng San », non loin de « Chengdu », ils ne savent pas que la police interdit aux étrangers d'être hébergés dans les petits hôtels pour Chinois pauvres, et je suis le premier Occidental à écrire sur leur registre. Sachant à peine lire, ils connaissent pourtant Li Po. Même dans les coins perdus, le premier paysan venu aime les poèmes de Li Po et Tu Fu. Cette importance de la poésie a de quoi surprendre dans un pays qui a connu tant de misères et de souffrances. Là-bas elle fait partie des mœurs, de la vie quotidienne, et n'est pas réservée aux esthètes de salons, fussent-ils modernes. Cela montre qu'écrire un poème ne relève pas du simple divertissement. Le poète est aussi « utile » à un pays que n'importe quel « travailleur », même si cette utilité n'est pas pratique et tient de « l'utile de l'inutile » comme disait Chuang Tzu... Tout porte à croire, et le temps est là pour le démontrer si besoin est, que cette inutile utilité est en réalité plus utile que ce que l'on appelle « l'utile » pour des raisons pragmatiques qui ne sont pas toujours bonnes.

Tonnerre, fracas des cieux, trombes d'eau. L'arc-en-ciel voile la belle qui ne vient pas. Le cri du coucou. Les phénix voltigent. Tout s'écoule vers l'est. La nuit tombe sur le fleuve. Une barque au gré des flots... Un chien aboie. Il me semble apercevoir des hordes mongoles déferler dans la plaine. Tandis que les femmes tissent. Et c'est comme si le sang coulait dans l'herbe sauvage sous les pieds du poète barbare...

Il est des morts qui ont plus de poids que le mont T'ai, dit une expression chinoise. Plus au nord, entre « Sichuan » et « Gansu », les montagnes où Li Po connaîtra son premier maître taoïste : le maître de la Falaise Verte. Et je songe au dernier paradoxe suivant : ce qui ne devient pas est à l'origine de ce qui devient...

Au galop, derrière les rideaux, les images s'accélèrent... Qu'est-ce qui est précieux, qu'est-ce qui ne l'est pas ? Poussières sous les pins... Où les affaires du monde pourraient-elles s'accrocher ? Le maître Lin Wen Tsen nous rappelait à Hangchow que Li Po écrivait : la vie est un grand rêve. Les événements nous croisent, les états nous traversent... Projections individuelles, hallucinations collectives. Tout est rêve, y compris ce livre, effacé sitôt terminé.

BIBLIOGRAPHIE

RENÉ BOISGUERIN, *Fleurs de printemps et lune d'automne*, L'Asiathèque, 1985.

ROGER CAILLOIS et JEAN-CLARENCE LAMBERT, *Trésor de la poésie universelle*, Gallimard, 1986.

PATRICK CARRE et ZENO BIANU, *La montagne vide*, Albin Michel, 1987.

FRANÇOIS CHENG, *L'Écriture poétique chinoise*, Éditions du Seuil, 1977.

HERVÉ COLLET et CHENG WING FUN, *Li Po, l'Immortel banni sur terre, portrait et poèmes*. Millemont, Moundarren, 1984. Nouvelles traductions : 1985, 1988. *Tao poétique*, Moundarren, 1986.

PAUL DEMIÉVILLE, *Poèmes populaires des T'ang*, Bibliothèque de l'Institut des hautes études chinoises, vol. XXVI, 1982. *Anthologie de la poésie chinoise classique*, Poésie/Gallimard, 1982.

CHARLES DEPLAE, *Chant sur la rivière*, Bruxelles, Éditions des Artistes, 1945.

ANDRÉ D'HORMON, traductions dans *Études françaises* et *Lectures chinoises*, Centre franco-chinois d'études sinologiques, 1939-1945.

WOLFRAM EBERHARD, *Dictionnaire des symboles chinois*, Seghers, 1984.

PATRICIA GUILLERMAZ, *La Poésie chinoise*, Verviers, Marabout, 1966.

CHARLES DE HARLEZ, *La Poésie chinoise*, 1892.

HERVEY-SAINT-DENYS, *Poésies de l'époque des Thang*, Champ Libre, 1977.

DOMINIQUE HOISEY, *Li Po. Parmi les nuages et les pins*, Arfuyen, 1984. *Li Bai. Poèmes*, Reims, Albedo, 1985.

HSU SUNG NIEN, *Li Thai Po, son temps, sa vie et son œuvre*, thèse, Bosc et Riou, Lyon, 1935, BN 4^{0}O^2 N.2211.

PAUL JACOB, *Vacances du pouvoir*, Gallimard, 1983. *Li Bai, Florilège*, Gallimard, 1985.

Bibliographie

GEORGETTE JAEGER, *Les Lettrés chinois. Poètes T'ang et leur milieu*. Neuchâtel, à la Baconnière, 1977. *Anthologie de trois cents poèmes de la dynastie des Tang,* Société des éditions culturelles internationales, 1987.

LOUIS LALOY, *Choix de poésies chinoises,* Sorlot, 1944.

LIN LU TCHÉ, *Le Règne de l'empereur Hiuan-tsong (713-756) traduit et complété par R. des Rotours,* Collège de France, vol. XIII des Mémoires de l'Institut des hautes études chinoises, 1981.

LO TA-KANG, *Cent quatrains des T'ang,* O. Zeluck, 1947, Réédition à la Baconnière.

NICOLAS LYSSENKO et DELPHINE WEULERSSE, *Poésie Tang : quatrains de cinq pieds,* Lyssenko, 1986.

SHIGEYOSHI OBATA, *The Works of Li Po, the Chinese Poet,* New York, Paragon Books, 1965.

CLAUDE ROY, *Trésor de la poésie chinoise,* Le Club du Livre, 1967.

FERDINAND STOCES, *Signes immortels,* F. Stoces, 1987.

FERENC TÖKEI, *Naissance de l'élégie chinoise,* Gallimard, 1967.

ARTHUR WALEY, *The Poetry and Career of Li Po,* Londres, George Allen & Unwin LTD, 1950.

XU YUAN ZHONG, *Cent poèmes lyriques des Tang et des Song,* Éditions en langues étrangères, 1987.

YUN SHI et JACQUES CHATAIN, *Poèmes à chanter Tang et Song,* Éditions Comp'act, 1988.

TABLE

PREMIÈRE PARTIE

Introduction : Li Po buveur et voyageur	9
1. Vie et mort d'un Prunier Blanc	15
2. Li Po fou en Tao ?	37
3. La parole poétique chinoise	55
Notes	70

SECONDE PARTIE : CHOIX DE TEXTES

En face du vin	83
Chant du cavalier hun de Yeou-tcheou	83
Chanson du redresseur de torts...................	84
J'offre du vin	85
En descendant du mont Tchoung-nan, je vais boire du vin et passer la nuit chez Hou Se	86
Chanson de Tchang-kan	86
Invitation à boire au clair de lune	88
Devant un flacon de vin	89
Regrets..	89
Sur une mélodie de Suzhou, quatre chansons sur les saisons	89
En accompagnant un ami jusqu'à Jingmen	91
Adieu à un ami	91
Yi Qin E.......................................	91
Singes blancs	92

Table

Lavé et parfumé	93
Le mont T'ung	93
Buvant seul sous la lune	93
Au pavillon de Sieh T'iao : banquet d'adieu pour le réviseur Yun, mon oncle	94
Air ancien	94
Écrit en souvenir dans une taverne de Jinling	95
Remontant les trois gorges	95
Monté au pavillon Sanhua à Jincheng	96
Pénible voyage	96
Du haut de la tour de Yueyang en compagnie de Xia le douzième	97
Dans le temple d'Eau Blanche, écoutant le moine Chun, du pays de Shu, jouant du *ch'in*	97
Ascension du mont Omei	98
Ascension du Tai shan	98
Adieu à mes enfants à Nanling, lors de mon départ pour la capitale	99
Devant le vin monte de souvenir de Ho Che chang	100
Chant pour Yuan Tan chiu	100
En souvenir des ballades d'autrefois, lettre à mon ami Yuan, du pays de Chao	101
Le neuvième jour du neuvième mois, buvant sur le mont du Dragon	103
Du Patung, naviguant sur le Long Fleuve, je passe par la gorge du Ch'u tang, et monte au plus haut sommet du Wu shan, écrivant le soir, sur un rocher, ce poème	103
Chant du Lu shan, envoyé à Lu Su jo	104
De retour à mon ancien logis du Portail en pierre	105
Rendant visite à un moine de la montagne, et ne le trouvant pas	107
Réponse à Chia Yeh, gouverneur de Huchow, me demandant qui est Li Po	107
À Wang Lun, au lac des Fleurs de Pêcher, à Chiang hsien dans l'Anhui	108
La cascade du Lu shan	108
Chuang tzu	109
De moi-même exilé	109

Mélodie en pur et paisible	109
Air ancien	110
Conduite faite à ma femme qui s'en va chercher Li s'élève-dans-le-vide, taoïste au mont Lu	111
Air ancien	111
Devant le vin	112
Dure est la route de Chou	112
Adieu au mont de la Mère céleste après une excursion en rêve	114
Réveil de l'ivresse un jour de printemps	116
En cherchant maître Yong-tsouen à son ermitage	116
Vaine visite au moine taoïste du Tai-t'ien chan	117
Nuit de lune sur le fleuve	117
L'immortel de Yûn-tchén	118
Regret	118
La source	119
Questions à la lune	119
Yang pan-eul	120
Dernier poème	120
Chasse	121
Le grenadier de la fenêtre Est de la voisine	121
Les corbeaux croassent le soir	122
Aux moineaux des champs	122
Veillée amicale	122
La chanson de Hsiang Yang	123
Pensée de printemps	124
Dans la montagne de l'Est	124
La rivière transparente de Hsin	125
En mémoire de Monsieur Ki qui faisait une si bonne eau-de-vie	125
Souvenir	126
À Mong Hao-jan	127
En contemplant le mont des Portes du Ciel	127
Descente à Kiang-ling	127
Au mont Lou, je contemple le pic des Cinq Vieillards	128
Promenade sur le lac de la Caverne	128
Jour d'été dans la montagne	128
Les noix blanches	129

Table 159

Le mont de Mandarin de Cuivre, poème après l'ivresse	129
Assis seul en face du mont King-t'ing...............	129
Chanson aux approches de la route	130
Chant sur le fleuve	130
Offert à une belle qui monte le chemin	131
Les barbares bodhisattva	131
Le marchand voyage	131
Pensée d'une nuit calme........................	132
À propos du temple au sommet de la montagne	132
En montagne avec un ermite, buvant ensemble	132
Question et réponse dans la montagne..............	133
Notes	134
Sources : éditeurs et traducteurs...................	140
Sur les traces d'un sans-traces...	142
Bibliographie	154

*La composition
et l'impression de ce livre ont été effectuées
par l'Imprimerie Bussière
pour les Éditions Albin Michel*

AM

*Achevé d'imprimer en janvier 1989
N° d'édition : 10475. N° d'impression 6681
Dépôt légal : janvier 1989*